이럴 줄 알았다

신시컴퍼니 박명성의 프로듀서론

이럴 줄 알았다

박명성 지음

북하우스

사례

Chapter 1.

프로듀서의 꿈은
모든 무대의 최초다

Chapter 2.

미친 짓의 연대기

Chapter 3.

예술 :
가슴 뛰는 작품을 하라

Chapter 4.

사람 :
사람에 의해 만들어진다

Chapter 5.

경영 :
완성된 프로듀서는 없다

미치도록
아름답게 미쳐라

여든이 넘은 할머니가 비칠비칠 걸어 나오신다. 얼른 달려가 부축이라도 해드려야 하나 걱정이 앞서는데 웬걸, 무령을 잡자마자 사람이 달라진다. 할머니의 할머니, 또 그 할머니의 할머니 때부터 이어져온 내림 소리가 입에서 줄줄 흘러나오는데 도무지 여든 넘은 할머니의 소리라고는 믿어지지가 않는다.

오랜 세월 그 몸속에 응축되어 있던 온갖 희로애락이 악보도 없이 노래가 되고 춤이 되더니 대본 없는 즉흥극이 되어 펼쳐진다. 마음만 먹으면 몇 날 며칠이라도 이어져갈 것만 같다.

그 무당에 이끌려 나는 이승과 저승을 넘나들고 현실과 과거를 오가며 살아 있는 자들과 함께 울고, 죽은 자들과 같이 분노하고, 급기야 산 자와 죽은 자가 서로를 위로할 때 같이 흐느낀다. 그러다 무당이 무령을 내려놓으면 그 순간 나의 여행도 함께 끝이 난다.

그렇게 굿에 미쳐 한 시절을 보냈다. 전공이 한국 무용이라 굿판을 기웃거리기 시작했다가 그 매력에 흠뻑 빠져버린 것이다. 하회 별신굿, 강릉 단오굿, 진도 씻김굿은 물론 굿판이 벌어지는 곳이라면 아무리 멀어도 한걸음에 달려가곤 했다. 그 중에 아직도 기억에 생생한 것이 앞서 말한 여든 넘은 할머니의 진도 씻김굿이었던 것이다.

그 시절 진도에서는 초상이 났을 때 살아남아 있는 사람들은 삼일장이 끝날 때까지 노래하고 춤을 추며 놀곤 했었다.

"이보게, 이건 영원한 이별이 아닐세. 먼저 가서 기다리고 있게나. 자네가 조금 먼저 떠나 아쉽긴 하네만, 금세 따라갈 터이니 우리 그때 다시 만나 신명나게 놀아보세."

춤추고 노래하는 이들은 망자에게 이렇게 말하는 것만 같아 보였다. 그래서 장례식이라기보다는 거나한 환송회같이 느껴지기도 했다. 바다가 사랑하는 이들을 무시로 삼켜버리는 아픈 삶을 그들은 그렇게 위로하며 스스로를 치유했으리라.

그때의 인연을 핑계로 나는 진도를 가장 사랑하는 섬이라 칭하며 요즘도 불쑥 찾아가곤 한다. 그럴 때면 어김없이 용하다는 무당을 찾아 돌아다닌다. 한번은 취해야 신기가 오른다는 무당을 만난 적이 있었다. 이른 저녁이었는데도 혀가 꼬부라져 있는 폼이 언제부터 얼마나 마셨는지 본인도 모르는 것만 같았다. 그래도 꾸역꾸역 막걸리를 부어대는데 무슨 말을 하는지도 못 알아듣겠거니와 내가 하는 말도 못 알아듣는 모양새다. 그래도 어쩌겠는가. 취해야 신기가 오른다는데. 그렇게 마냥 기다려 얻어낸 점괘가 월별로 뭐는 조심하고 언제 좋은 일이 있을 것이라는 둥 꽤나 세세했지만, 솔직히 말해 맞아떨어진 것은 거의 없었다.

사실 내가 자주 찾고 좋아하는 무당이 따로 있긴 하다. 박칼린 감독의 소개로 알게 되었는데, 내가 그를 좋아하는 이유는 아주 단순하다. 그 무당은 늘 내게 좋은 얘기만 해준다.

맞고 틀리고 진짜고 가짜인지는 내게 그다지 중요하지 않다. 무당이 펼쳐놓는 이야기를 들으며 맞장구도 치고 속으로 말도 안 된다고 슬쩍 비웃기도 하며 꿈인 듯 현실인 듯 오가다 보면 그곳을 나올 때는 한결 마음이 가벼워져 있는 것이다. 그 비현실적인 공간에서 나는 잠시 위로를 받고 나온 것이 분명하다.

무당이 하는 일이 연극인이 하는 일이랑 참으로 닮아 있다. 무당은 죽은 자에 빙의되어 산 자와 이야기를 나눈다. 죽은 자의 한을 말하는 동안 위안을 받는 것은 정작 살아 있는 이들이다. 노래하고 춤추고 죽은 자를 불러오는 한바탕 놀이가 이어지는 동안 산 자의 가슴에 꼬여 응어리져 있던 감정이 스르르 풀려나고, 죽은 자에 대한 미안함 혹은 서운함에 눈물을 흘리고 나면 어느새 평안이 찾아오는 것이다.

연극 또한 마찬가지다. 연극하는 이들은 이 시대의 응어리를 자기 속에 품어내 작품으로 만든다. 신명나는 굿판이 한을 풀어주듯 잘 만들어진 연극 한 편은 관객에게 정서적 위안을 준다. 지쳐 있는 사람들을 위로하고 보듬어주고 손 내밀어 일으켜주는 것이 예술가의 역할이자 그들이 가진 힘인 것이다.

이 공통분모 안에서 교묘하게 그 경계에 서 있는 것이 프로듀서다. 무당이 굿에 빠져 있고 연극인이 연극에 빠져 있을 때 프로듀서는 그들과 함께 머리를 맞대고 있다가 살며시 빠져나와 사람들을 살핀다. 보여주는 사람과 보는 사람의 사이를 오가며 부지런히 관객을 초대할 준비를 한다. 굿은 우환이 있는 사람들이 무당을 찾아와 판을 벌이지만 연극은 다르다. 스스로 '정신적 우환'이 있는 줄도 모르는 사람들을 불러 모으기 위해 프로듀서는 머리를 싸맨다. 굿판에서처럼 돼지머리와 막걸리를 준비하고 덕석을 깔고 사람들을 모으기 위해 뛰어다닌다. 그러다 굿판이 끝나면 혼자 남아 뒷정리까지 말끔하게 해야 한다. 실패하는 날엔 혼자 쭈그리고 앉아 남몰래 울어야 하는 것도 프로듀서의 몫이다. 한마디로 프로듀서는 연극의 처음부터 끝까지 잡다하게 챙겨야 하는 그런 사람이다.

하지만 한시도 잊으면 안 되는 것이 있다. 분명코 프로듀서는 무대예술의 한 축을 담당하는 예술가라는 것이다. 아직도 성공과 실패의 기로에서 온탕 냉탕 오가기를 반복하는 내가 이른바 프로듀서론을 쓰는 것은 오직 한 가지 이유 때문이다. 나는 미래의 프로듀서들이 장사꾼이 아니라 예술가가 되기를 바란다.

"사업을 할 것인가, 예술을 할 것인가?"

물론 어려운 질문이다. 하지만 프로듀서의 출발점이자 존재 이유가 돈이라고 생각된다면 여기서 책장을 덮길 바란다. 프로듀서는 사람들에게 정서적 위안을 주는 굿판의 기획자라는, 이상한 소리나 하는 글 따위는 당신에게 아무런 감흥도 도움도 주지 못할 것이다.

큰소리치며 센 척했지만, 내가 건네고 싶은 진심은 이거다. 신명나고 멋진 굿판에서 여러분을 만나고 싶다는 것. 사람이 우선이고 전부인 그곳에서 신나게 한판 벌여보자는 것 말이다.

땅끝 해남 우수영에서

박명성

Chapter 1

프로듀서의 꿈은
모든 무대의 최초다

무대는 | 비즈니스가 아니다

무대는 텅 비어 있다. 객석엔 빈 의자만이 즐비하다. 극장 안엔 그저 어둠뿐이다. 그 어둠 속에서는 무대의 크기, 형태, 객석 규모, 어느 것도 가늠할 수가 없다. 오로지 극장이라는 추상적인 공간이 있을 뿐이다.

어둠 속에 갇혀 있던 그 공간에 상상력이라는 입김을 불어넣어 살아나게 만드는 것, 그것을 나는 프로듀서가 하는 일이라 감히 정의한다.

무대에서는 사랑을 노래하기도 하고, 인생의 고단함을 절절하게 그려내기도 하며, 묻혀 있던 역사의 어두운 면을 고발하고 풍자하기도 한다. 무대에서 들려주는 이야기에 따라 관객은 울고 웃으며 때로는 분노하고 때로는 위로를 받는다. 관객에게 어떤 선물을 줄 것인가 결정하는 일, 이것 또한 프로듀서의 몫이다.

나는 연기도 연출도 젬병이었다. 대본을 쓸 수 있는 능력도 없고 작곡은커녕 연주할 수 있는 악기 하나 없었다. 네가 설 자리가 없다고 자꾸 등을 떠미는데도 나는 그저 연극이 좋아서 이곳을 떠날 수가 없었다.

그렇게 나는 프로듀서가 되었다. 그리고 지금의 나는 프로듀서 예찬론을 쓰고 있다.

생각해보라. 프로듀서인 내가 멍석을 깔고 판을 만들지 않으면 어떤 대본은 영원히 서랍 속에서 잠만 자다가 그대로 묻혀버리게 될 것이다. 그 대본에 따라 연출가, 작곡가, 연주가, 각 파트의 스태프들이 자신의 역할을 맡게 되고 그들은 그때야 비로소 자신의 꿈을 무대에서 실현하게 된다.

다시 말해 무대를 향한 프로듀서의 꿈이 모든 무대의 최초가 되는 것이다. 나의 꿈은 연출가의 꿈이 되고, 배우의 꿈이 되고, 스태프의 꿈이 된다. 거꾸로 그들의 꿈이 나의 꿈이 되기도 한다. 그렇게 서로의 꿈을 교환하는 동안 하나의 작품이 완성되고, 우리 모두는 같은 꿈을 이루게 되는 것이다. 이 얼마나 멋진 일인가.

프로듀서로서 내가 올리는 모든 작품은 나의 꿈이다. 환상적인 무대로 관객을 깜짝 놀라게 하겠다, 잊고 살았던 어머니를 관객에게 되돌려주고 반성의 눈물을 흘리게 하겠다. 먼 옛날 먼 나라에 살았던 젊은 남녀의 사랑과 비극적 결말을 안타깝게 만들겠다. 두메산골 남녀의 그저 그런 사랑이 왜 파국으로 치닫게 되었는지 알려주겠다. 우리의 할아버지, 할머니들이 하와이, 멕시코로 팔려가듯 일하러 간 역사적 사실을 아프게 각인시키겠다…, 이런 꿈들을 무대에서 실현시켜왔다. 이 모든 꿈의 공통점을 뽑아내 하나의 문장으로 만들면 '무대를 통해 관객을 행복하게 만들겠다'가 된다. 관객을 행복하게 만드는 것이 나의 꿈이고 관객이 행복해하면 나도 행복하다.

나는 공연 첫날에 늘 맨 뒤에 서서 공연을 본다. 지금까지 늘 그래왔다. 그리고 어떤 관객보다 빨리 로비에 나와 극장 문을 나서는 사람들의 얼굴을 살핀다. 정서적인 충격을 받았거나 삶의 고단함을 위로받은 관객의 표정은 행복에 겹다. 그리고 나도 행복에 겨워진다. 그런 표정을 보는 일은 언제나 즐겁다. 이와 관련해서 깊게 각인된 기억이 있다. 〈맘마미아!〉 지방공연 때의 일이다. 경기도 이천에서 시작해 제주도까지, 1년간 전국 23개 도시에서 순회공연을 했다. 지방의 작은 도시들은 공연 문화의 불모지나 다름없다. 대형 뮤지컬을 관람할 기회는 거의 없다고 보아도 무방할 것이다. 그날도, 소문을 들어 〈맘마미아!〉를 알고 있던 사람들, 유명한 뮤지컬이라고 하니 이번 기회에 '뮤지컬 구경'이나 해보자는 사람들이 삼삼오오 짝을 지어 극장으로 왔다. 무슨 공연이 영화 열 편 보는 것보다 비싼가 하는 사람도 있었을 것이다.

공연 시작 전에는 낯선 문화에 어색해하고 약간은 긴장하는 느낌도 없지 않았지만 나올 때는 완전히 다른 얼굴이었다. 환한 얼굴, 잠시나마 삶의 고단함을 다 내려놓은 듯한 얼굴들이었다. 웃고 우는 바람에 공들였던 화장이 조금 번졌어도 그보다 예쁜 얼굴은 없을 것이다. 내가 저렇게 예쁜 얼굴, 저렇게 행복한 표정을 본 적이 있었던가. 그 얼굴들을 보기 위해 나는 4억 원을 투자했다. 기존의 오리지널 무대장치는 설치에만 2주가 걸리는데, 지방은 관객층이 얇아서 주말 4회 공연이 고작이다. 그것을 위해 2주 동안 무대를 비워둘 수는 없었다. 그래서 알아본 투어용 무대장치는 3일이면 완성할 수 있었고, 이를 위해 나는 비용을 들여 무대장치를 새로 구입했다. 그래서 가능하게 된 지방투어였던 것이다.

미처 물어보지 못했지만 연출, 배우, 스태프, 그리고 우리 신시 식구들까지 포함해 나와 비슷한 생각이었을 것이다. '뮤지컬 구경을 하기 힘든 분들에게 세계 최고라고 평가받는 작품을 선보이는 것, 그래서 그들을 행복하게 만드는 것은 정말 행복한 일이다'라는 생각 말이다.

누군가 나에게 왜 뮤지컬을 하고 연극을 하느냐고 묻는다면 내 대답은 단순하다. 행복하니까. 관객들을 행복하게 만드는 꿈을 꿀 수 있으니까. 행복한 꿈을 꿀 수 있어서 프로듀서로 살아가고 있고 꿈을 꾸지 않으면 행복한 프로듀서가 될 수 없다. 그러므로 프로듀서의 핵심 역량은 꿈을 꾸는 것이다. 적어도 나에게는 그렇다.

프로듀서, 연출, 배우가 서로의 꿈을 교환하면서 하나의 작품은 우리 모두의 꿈이 된다.

〈뮤지컬 〈아리랑〉의 한 장면〉

물론 프로듀서라는 타이틀을 달고 있으면서 꿈을 꾸지 않는 사람도 많다. 그들에게는 무대가 비즈니스다. 작품을 결정하고 투자를 유치하고 흥행을 위한 홍보를 하는 것이 그들이 생각하는 프로듀서가 하는 일의 전부인 것 같다. 공연계에 미치는 영향을 생각하면 답답한 마음이 들기도 하지만 여기에서 그들을 비난하고 싶지는 않다. 어떤 프로듀서가 될 것인가는 각자의 선택에 달린 문제다. 다만 그런 사람들은 무슨 재미로 작품을 만드는지 모르겠다. 돈을 벌고자 한다면 세상에 돈 벌 수 있는 일은 널렸으니까 말이다. 나는 그들이 일하는 방식은 알되 그들 내면의 생각은 알 수 없다. 나는 오로지 꿈을 꾸기 위해 연극을 하는 방법만 알려줄 수 있을 뿐이다.

돈을 벌고자 생각했다면
연극 〈렛미인〉은 태어나지 못했을 것이다.

나만의 작품을 꿈꿔라

　　　　　　　　공연 역사에서 관객을 행복하게 만들었던 작품은 부지기수다. 그리고 관객을 행복하게 하는 데 실패한 작품은 더 많다.

　관객은 까다롭다. 변덕스럽고, 싫증을 잘 내며, 좀처럼 만족감을 표현하지 않는다. 감동받은 작품은 여러 차례 보면서도 그와 비슷한 작품에는 '아류'라는 딱지를 붙인다. 프로듀서는 이렇게 까다로운 관객에게 자신의 꿈을 평가받아야 하는 숙명을 지녔다.

　관객을 행복하게 하는 꿈, 그래서 내가 행복해지는 꿈. 그 꿈의 질료는 바로 작품이다. 프로듀서로서의 존재 이유를 작품으로 증명해야 하는 것이다. 작품으로 관객을 행복하게 만드는 방법은 많다. 파격적인 형식으로 정서적인 충격을 줄 수도 있고, 이 시대를 살아가면서 곱씹어보아야 할 메시지를 전달할 수도 있다. 삶을 살아가면서 받은 상처를 위로해줄 수도 있으며, 이외에도 얼마든지 많은 방식과 내용으로 관객을 행복하게 만들 수 있다.

'어떤 꿈을 꾸면 관객과 내가 행복해질 수 있을까?'

프로듀서에게 이보다 더 깊은 숨을 몰아쉬게 하는 질문, 심장처럼 펄떡이는 질문이 있을까? 이 질문에는 무수히 많은 정답과 무수히 많은 오답이 있다. 어떤 답이 관객을 만족시킬지는 무대에 올려보지 않으면 모른다. 물론 좋은 대본, 창의적 연출, 안정된 연기력을 갖춘 질 높은 작품을 만들어야 할 것이다. 그러나 이것은 질문에 대한 답이 아니라 꿈을 완성해가는 과정의 일이다. 나는 그보다 먼저 '어떤 무대의 최초'에 대한 생각을 나누고 싶다.

여기, 연극 한 편을 보기 위해 무작정 대학로에 간 관객이 있다. 그는 혜화역 2번 출구로 나와 골목길을 걷는다. 길을 걷는 동안 "연극 보러 가세요?" 하며 말을 걸어오는 호객꾼을 여러 차례 만나기도 한다. 실제로 이럴 사람은 없겠지만, 이 관객은 미련하게 성실한 사람이라서 각 극장에서 어떤 연극을 하는지 골목 구석구석을 다니면서 확인한다. 그런 다음 그가 무슨 말을 할까? "볼 만한 연극이 없군"이면 차라리 다행이다. 그는 아마도 이렇게 말하지 않을까? "뭘 보나 별 차이가 없겠군."

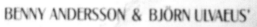

BENNY ANDERSSON & BJÖRN ULVAEUS'

MAMMA MIA!

THE SMASH HIT MUSICAL BASED ON THE SONGS OF AB

프로듀서는 승부사다.
나만의 꿈을 꾸고 그 꿈으로
관객과 당당하게
승부를 벌여야 하는 것이다.

물론 과장이다. 하지만 무리한 가정은 아니다. 대학로에서 하루에 올라오는 연극이 150여 편이다. 그 중에서 특별하고 힐 민한 작품은 얼마 되지 않는다. 대부분은 로맨틱 코미디로 분류할 수 있는 작품들이다. 개그콘서트를 맥락 없이 이어붙인 것 같은, 연극 같지 않은 연극도 많다. 왜 이렇게 된 것일까? 프로듀서의 꿈이 모든 무대의 최초라면, 대학로의 거의 모든 프로듀서가 비슷한 꿈을 꿨다는 결론에 도달한다. 그럴 수 있을까?

물론 그럴 수 없다! 프로듀서가 자신의 꿈을 꾸기 이전에 관객에게 먼저 굽실거렸기 때문이다. 작품이 관객의 욕구에 부응해야 하는 것은 맞지만 말초적인 욕구에 타협하고 굴복해서는 안 된다. 작품을 평가하는 것은 관객이지만 일차적인 칼자루는 프로듀서가 쥐고 있다. 그래서 승부인 것이다. 나의 꿈을 꾸고 그 꿈으로 관객과 당당하게 승부를 벌여야 한다. 아류를 만들어 시류에 영합하지 말고 나만의 꿈을 꾸는 것, 다르고 새로운 꿈을 꾸기 위해 펄떡이는 질문을 심장에 심어두고 있어야 한다. 그야말로 '세상에 없는 무대'를 만들기 위해 노력해야 하는 것이다.

너 나 할 것 없이 비슷한 작품만 만든다면 프로듀서의 존재 이유는 무엇인가. 있어도 그만 없어도 그만인 작품을 꿈꾸는 프로듀서는 있어도 그만 없어도 그만이다. '나'라는 프로듀서의 존재 이유이자 가치는 남과 다른 나만의 꿈에 달려 있다.

남과 다른 길을 가야 한다는 말은 참 흔하고도 뻔한 말이다. 그런데도 여전히 금과옥조처럼 여겨지는 이유는 다른 길을 가는 사람이 많지 않기 때문일 것이고, 남이 가지 않는 길을 걷는 게 어려운 일이기 때문일 것이다. 오래전부터 나는 프로듀서를 꿈꾸는 이들에게 역발상과 괴짜 근성을 가지라고 얘기해 왔는데, 앞으로도 이 얘기는 계속 해야만 할 것 같다.

남과 다른 기발한 무대를 상상하는 것과 그것을 무대에 올리는 것은 차원이 다른 문제다. 주변 사람들에게 미쳤다는 말을 들어야 하고, 함께 작품을 만들어갈 사람들을 미치게 만들어야 한다. 마지막에는 관객들도 미치게 만들어야 한다.

2001년 12월, 아직 뮤지컬 붐이 조성되지 않았을 때 뮤지컬 〈틱틱 붐〉을 무대에 올렸다. 새로운 스타일의 뮤지컬을 꿈꾸는 젊은 예술가들의 자전적인 이야기다. 〈렌트〉의 작가 조나단 라슨의 일대기를 다룬 작품으로 그해 6월 오프브로드웨이에서 초연된 후 한국 공연이 세계에서 두 번째였다. 별다른 장치가 없는 무대에 달랑 여자 한 명, 남자 두 명이 등장하는 특이한 형식의 뮤지컬이다. 여기까지는 그간 내가 해온 '미친 짓' 축에 끼지 못한다. 특이하기는 해도 제작비 측면에서는 부담이 적은 작품이다.

내가 '미쳤다'라는 소리를 들었던 것은 세 명이 나오는 공연에 아홉 명의 배우를 캐스팅하고, 세 명의 연출을 섭외했다는 점이다. 하나의 원작을 세 팀의 연출과 배우들에게 각각 맡기고, 다른 공연장에서 같은 날 오픈하는 '미친 짓'을 한 것이다. 그러나 관객들은 하나의 원작이 각기 다른 색깔로 변주되는 무대를 동시에 비교하며 즐길 수 있었다.

관객뿐 아니라, 연출, 배우, 스태프에게 이런 특이한 작업은 한 번쯤 해보고 싶은 경험이다. 그들은 나의 미친 짓이 반가웠을 것이다. 그러나 공연에 참여하지 않는, 나를 걱정해주는 사람들은 도대체 무슨 짓이냐며 한사코 말렸다. 나 역시 한 팀이나 잘 만들지 괜한 짓을 하는 건 아닌지 걱정스럽기도 했다. 세 공연을 비교해가며 볼 마니아가 몇 명이나 될까? 하나의 극장에서 받을 수 있는 관객을 세 개의

하나의 원작을 세 가지 색깔로 변주해 동시에 올렸던 뮤지컬 〈틱틱붐〉.
뻔한 발상에서 벗어나 새로운 도전을 감행할 줄 알아야 한다.

극장에서 나눠 받는 꼴이니, 수익을 생각하면 미친 짓임에 분명하다. 그래도 나는 그런 꿈을 꾸었고, 그 꿈을 이루고 싶었다.

나의 '미친 짓 연대기'는 그 이전에도 있었고, 그 이후에도 계속 이어졌다. 그리고 내가 프로듀서라는 이름을 달고 있는 한 멈추지 않을 것이다. 정확하게는, 멈추지 '못할' 것이다. 뭔가 어려운 작품을 성공시킨 후 안정될 만하면 새로운 미친 짓을 벌이는 고질병이 발병하니까 말이다. 솔직히 말하면, 역발상의 도전은 쪽박을 찰 위험도 크지만 대박을 칠 수 있다는 유혹이 있는 것도 사실이다.

지금까지 내가 작품을 기획하면서 사람들에게 의견을 물었을 때 찬성보다는 반대와 걱정이 더 많았다. 반대한 사람들도 모두 나를 아끼는 분들이었다. 그래서 어렵다. 어떤 프로듀서가 새로운 꿈, 다른 꿈을 꾸면 반드시 그를 아끼는 사람들의 반대에 직면하게 된다. 실패할 거라는 그들의 말은 사실이다. 새롭다는 것은 성공할 확률이 낮다는 뜻이기 때문이다. 남과 다른 길을 가는 것이 편안하고 안전할 리 없다. 새로운 생각, 역발상, 괴짜 근성은 위험을 전제로 하는 것이고, 그래서 도전이라고 불린다.

다시 대학로 이야기를 해보자. 로맨틱 코미디 일색인 대학로의 현실을 비판하는 나의 말에 그들은 이렇게 대꾸하고 싶을 것이다.

"좋아서 하는 게 아니라 현실이 그러니까 할 수 없이 하는 거다. 로맨틱 코미디를 해야 그나마 입에 풀칠이라도 할 수 있다."

연극인이 예나 지금이나 가난의 대명사가 된 것은 연극 관객이 절대적으로 부족하기 때문이다. 지금 대학로에 오는 관객 중 상당수는 뜨내기다. 연극이라는 예술을 감상하러 온다기보다는 대부분 데이트 코스의 하나로 연극을 소비하는 듯하다. 그런 사람들이 무거운 주제 의식을 다루는 연극은 보지 않을 것이다. 절대적인 관객의 부족, 가벼운 볼거리로 연극을 대하는 관객. 그런 관객이라도 잡으려면 그들의 취향에 맞춰 로맨틱 코미디를 올리는 것이 맞을까? 뻔한 발상의 무대를 꿈꾸는 것이 현실적인 선택일까?

나는 우리 연극인들이 연극을 죽이는 데 일조하고 있다는 생각이 든다. 연극을 보겠다고 온 관객이 '연극이란 게 이런 거구나. 별것 없구나. 극장에서 하는 개그콘서트 정도구나' 한다면 다시는 연극을 찾지 않을 것이다. 장기공연을 하는 연극 중에서도 그저 웃기는 데만 골몰하는 작품이 많다. 연극다운 연극이라고 부르기 어려운 작품들이다. 연극만의 매력이 있는 감동적인 작품이 아니다. 제 발로 극장에 찾아온 관객을 우리 스스로가 내쫓는 격이다.

여기에 대한 반발로 탈대학로의 움직임도 있다. 대학로와 다른 꿈을 꾸려는 도전이다. 지금 그들은 '대학로의 그들'보다 더 어려운 환경에 있을지 모른다. 나는 다른 꿈에 도전하는 그들을 응원한다. 그들의 도전은 위험하지만 지금의 대학로처럼 모두 같은 꿈을 꾸면서 서서히 죽어가는 것보다는 덜 위험해 보인다. 그리고 본래 위험한 장사가 많이 남는 법이다.

역발상이라고 해서 무조건 일을 크게 벌이라는 말이 아니다. 고정

관념과 상식을 깨는 역발상의 '또라이' 기질만 있다면 적은 비용이 드는 실험적인 무대로도 충분히 해볼 수 있다. 성공할 수 있다는 확신이 있다면 모두가 바보라고 할 때조차 그 바보 같은 짓을 밀어붙여야한다. 성공하든 실패하든 강한 믿음이 없다면 시작조차 할 수 없다. 누구도 믿지 않는 일에서 성공을 이뤄낸다면 그것을 발판으로 삼을 수 있고, 또 실패하더라도 주눅 들지 말고 거기서 새로운 정신을 배우면 된다. 실패란 스스로와의 반복된 싸움이기에 소중한 가치를 갖는다. 이것이 자신의 경쟁력을 튼튼하게 하는 똑똑한 실패다. 그럴 때 비로소 내가 하는 일에 대한 가치를 얻게 되는 것이 아닐까? 예술가에게 역발상의 혁신이야말로 프로 세계로 가는 필수 덕목이다.

〈뱃보이〉처럼, 엉뚱한 스토리지만
다양한 관객층을 확보하는 시도가 필요하다.

역발상은 | 콘텐츠의 폭발이다

드물지 않게 혜성처럼 나타나는 신인 연출가가 있다. 특이한 형식의 기발한 작품, 역발상 그 자체라고 불러도 좋을 작품으로 공연계를 깜짝 놀라게 한다.

'정말 제대로 된, 장래가 촉망되는 예술가가 나왔다. 어떻게 이런 발상을 했을까? 어떻게 이런 해석을 했을까? 이게 첫 연출작이라니 믿어지지 않는다. 도대체 이 젊은 연출가의 끝은 어디일까?'

이렇게 공연계의 기대를 한 몸에 받았던 젊은 예술가 중 상당수가 기대만큼의 실망감을 주고 사라진다. 기발한 연출, 독특한 해석의 효용은 한 번뿐이다. 다음 작품에서도 이전 작품과 같은 '기발한 연출,

독특한 해석'을 반복한다면 그것은 기발하지도 독특하지도 않다. 그렇게 특별한 연출을 했던 젊은 연출가는 자신의 전작보다 못한 몇몇 작품을 올린 후 소리 소문 없이 사라진다. 그들을 바라보는 선배로서의 내 마음은 안타깝다. 거목이 될 수 있었던 묘목이 너무 빨리 세상으로 나온 게 아닐까. 조금만 더 그늘의 답답함을 견뎠다면 어땠을까.

요즘 젊은 친구들은 빨리 예술가가 되고 싶은 조급증이 있는 것 같다. 그들에겐 조급증을 만족시킬 자신감도 있다. 그렇게 연출가로 데뷔를 해 세상을 놀라게 했으면 중견 연출가가 될 때까지 대성해야 하는데 한두 작품으로 끝나버리고 만다. 경험이나 콘텐츠가 부족하기 때문에 밑천이 빨리 떨어져버리는 것이다. 예전에는 조급증이 있더라도 긴 조연출 생활을 해야 했다. 무조건 옳다고만 할 수는 없지만 이런 방식이 가지는 장점은 분명히 있었다.

내가 기대하는 연출가 중 김태훈이라는 친구가 있다. 그의 연출작이 〈레드〉다. 창의적인 아이디어, 관객을 몰입하게 만드는 음악, 디테일한 부분까지 연구한 흔적 등 초연과 다른 색다른 작품을 만들었다. 그는 10년 동안 국내외의 다양한 연출가들 밑에서 조연출로 수련을 쌓았다. 예나 지금이나 조연출은 선배 연출가 밑에서 예술적인 부분을 포함해 온갖 잡다한 일까지 해야 하는 자리다. 그러면서 그는 많은 경험을 했을 것이고 선배 연출가와 의견이 달랐던 아이디어를 축적해왔을 것이다. 그 공력의 일부가 폭발한 것이라고 나는 믿는다.

연극 〈레드〉를 연출한 김태훈도 10년간 조연출을 지낸 경험이 있다.
그렇게 콘텐츠의 곳간을 차곡차곡 채워넣는 수련기간이 필요하다.

조급증이 있는 사람들에게는 이런 시간이 뒤치다꺼리나 하며 시간 낭비 하는 것으로 보이겠지만 콘텐츠의 곳간을 채우는 귀중한 시간이다. 역발상은 무조건 남과 다른 작품을 말하는 게 아니다. 새롭다는 것은 필요조건이지 충분조건이 아니다. 까딱하면 풋내 나는 얼치기 작품이 될 수도 있다. 그리고 한두 작품이 아닌 연속적인 역발상이 더 중요하다. 그러기 위해서는 젊었을 때부터 콘텐츠의 곳간을 가득가득 채워야 한다. 콘텐츠의 압력이 폭발한 결과가 '작품성 있는 역발상'으로 나타나는 것이다.

이런 면에서 보면 프로듀서도 연출가와 크게 다르지 않다. 요즘에는 창의적인 아이디어만 있으면 혼자서도 얼마든지 투자를 유치할 수 있다. 지금까지 없었던 소재와 형식의 작품을 계속 업그레이드하면서 그 콘텐츠를 얼마든지 발전시켜나갈 수 있다. 그렇게 해서 성공을 거두는 후배들도 꽤 있다. 문제는 얼마나 갈 것인가 하는 것이다. 한 분야에서 대가가 된 이들은 젊었을 때 긴 시간 동안 미래 예술가로서의 수련을 거친 사람들이다. 자신의 곳간에 콘텐츠를 많이 쌓아둔 것이다. 곳간에 쌓인 콘텐츠의 양에 따라 창의적인 아이디어, 기막힌 발상이 많이 나올 수 있다. 그것이 기본이고 가장 중요하다.

나는 학생들에게 뮤지컬 관람을 권하지 않는다. 뮤지컬은 기본적으로 무대 메커니즘을 위한 쇼다. 무대 메커니즘에 의해 관객에게 환상을 심어주고 노래로 함축해서 집약적으로 보여주는 것이 뮤지컬이다. 그래서 뮤지컬에는 여백이 별로 없다. 그러나 연극과 무용은 다르다. 관객을 위한 여백이 충분히 존재한다. '저긴 바다가 있다고 하고, 저긴 뒷문이라고 하고, 저긴 옆집이라고 치고…' 이처럼 무대장치만 해도 여백이 존재하기 때문에 상상력을 발휘할 수 있다. 연극만 보는 것도 권하지 않는다. 소설, 음악, 무용, 전통문화 등 다양한 기초예술을 많이 접해야 한다. 그런 것들이 콘텐츠의 곳간을 채우는 일이다. 로열석에서 보는 뮤지컬 한 편이면 연극 열다섯 편을 볼 수 있고 진도에 가서 굿을 볼 수도 있다. 물론 발품을 열심히 팔아야 한다는 조건이 붙지만 그조차도 경험의 축적이다.

역발상은 프로듀서로 사는 한 감당해야 할 '골치 아프고 행복한' 숙제다. 모든 예술가의 숙제이기도 하다. 이 숙제를 잘해내려면 기본기가 튼튼해야 한다. '반짝' 하는 아이디어로 한두 작품 성공할 수 있지만 한두 해 하고 말 게 아니라면 묵직한 역발상을 지속적으로 고민하고 뚝심 있게 밀고 나가야 한다. 그러자면 억지로 끌어내는 역발상이 아니라 콘텐츠의 압력에 의해 내부에서 폭발하는 역발상이어야 한다.

권력이 아닌 | 사람을 보라

　　　　어떤 작품이든 작품을 무대에 올
릴 때는 목표가 있다. 메시지 전달을 최고 목표로 두기도 하고, 최첨
단의 무대 메커니즘을 선보이는 데 주력하기도 한다. 또 파격적인 형
식, 고급스러운 무대를 목표로 하기도 한다. 각 부문별로 목표치를
정해 전체적인 작품성을 갖추면서도 그 중 특별히 주력하는 부분이
있는 것이다. 같은 작품이라도 어떤 목표가 설정되는가에 따라 연출
과 배우의 구성이 달라진다. 이 목표가 프로듀서에게 작품으로 꾸는
꿈이라고 할 수 있다.

　일단 연출, 배우, 스태프 구성이 완료되면 그때부터 프로듀서는 할

수 있는 게 없다. 수백 개 조명 중 단 한 개의 방향을 바꾸려고 해도 조명감독의 손을 거쳐야 한다. 배우의 어떤 연기가 마음에 들지 않으면 연출에게 말해야 한다. 최초의 꿈을 꾸는 것은 프로듀서지만 그것을 완성하는 것은 연출, 배우, 스태프다. 연출가는 연출을 잘해야 하고, 배우는 연기를 잘해야 하고, 조명감독은 그 무대에 맞는 색채를 잘 맞춰줘야 한다. 그리고 프로듀서는 그들 모두와 잘 만나야 한다.

원한다면 프로듀서가 권력을 가질 수 있다. 작품을 만드는 과정에 일일이 참견하고 자신이 원하는 것을 관철시킬 수 있다. 그렇게 작품을 망칠 수 있는 자리다. 누구나 그렇지 않은가. 자신의 의견이 권력에 의해 무시당하면 더 이상 아이디어를 떠올리지 않는다. 예술가들은 시키는 대로 하라는 프로듀서의 작품에 자신의 베스트를 던지지 않는다. 누구의 머리에서 나왔든지 아이디어는 아이디어 그 자체로 경쟁하고 협력해야 한다. 작품에 참여하는 구성원 모두 자신의 아이디어를 마음껏 내놓을 수 있는 분위기를 만들어야 하고, 프로듀서의 아이디어 역시 동일한 무게를 지닌 아이디어 중 하나로 내놓아야 한다.

작품을 정하고 투자 유치만 해놓고 나 몰라라 하는 프로듀서는 꿈을 꾸지 않는 사람이다. 또, 식견이 좀 있다고 일일이 간섭하는 프로듀서는 모두의 꿈이 하나로 응축될 때 좋은 작품이 완성된다는 것을 이해하지 못하는 사람이다.

말로 하면 쉽지만, 사실 정말 어려운 일이다. 권력은 상호간의 작용이다. 프로듀서가 권위를 내려놓고 아이디어를 낸다고 해도 예술

무대는 혼자서는 절대로 완성할 수 없다. 서로간의 믿음이 중요한 이유가 여기에 있다.

가들이 자발적으로 자신의 권한을 내어줄 수 있다. 그래서 내 지론 중 하나가 '못 믿을 사람 같으면 함께하지를 말고 함께한 이상 끝까지 믿는다'는 것이다. 함께하는 사람들을 믿지 않으면, 즉 그들의 아이디어가 최고의 작품을 만들기 위한 마음에서 나왔다는 것을 믿지 않으면 대화는 불가능하다. 그러면 내가 아무리 "여러분의 의견을 존중한다"고 얘기해도 그들이 믿지 않는다.

신뢰는 한두 마디 말로 되는 것이 아니다. 내가 어떤 연출가를 섭외할 때 그가 이전에 했던 작품들을 참고하고 주위의 추천을 받는 것처럼 예술가들 역시 프로듀서의 역사를 알고 있다. 믿음에는 일정한 시간과 관계를 만들어가는 에너지가 필요하다.

내가 일주일에 열 번 이상 저녁을 먹는 이유 역시 서로간의 믿음을 위한 것이다. 프로듀서는 만나야 할 사람이 참 많다. 작가, 연출, 배우, 스태프를 포함해 공연 관계자들을 만나야 한다. 언젠가는 하루에 세 번 저녁 약속이 있었다. 나와 인연이 깊은 초창기 멤버들과 오래전에 약속했던 저녁을 먹고 있었다. 술도 몇 잔 곁들이면서 즐겁게 이야기를 나누고 있는데 친분 있는 기업인 선후배들이 모여 있다며 와서 와인이나 한 잔 하자고 전화가 왔다. 표를 파는 것도 프로듀서의 주요 임무 중 하나이기에, 같은 자리에 있던 사람들에게 양해를 구하고 기업인들이 모인 자리로 갔다. 그리고 또 그곳에 가자마자 다시 양해를 구했다. 다음 작품의 방향을 의논하기 위한 자리가 약속되어 있었기 때문이다. 어쩌다가 한 번 생기는 일이 아니다. 오랜만에 집에서 저녁을 먹겠다며 아내에게 생색을 냈는데 몇 숟갈 뜨지 못하고 일어서야 하는 때도 더러 있다. 눈치가 보여도 가야 하는 사리니까 어쩔 수 없다. 꼭 그렇게까지 해야 하느냐고 묻는다면, 답은 '아니올시다'다. 같이 일하는 사람들에게 용기를 주고 기발한 상상력을 증폭시키게 하는 방법 중 내가 잘 알고 잘하는 방법일 뿐이다.

　모든 콘텐츠는 사람에서 시작해 사람으로 끝난다. 최초의 무대를 꿈꾸는 것도 프로듀서라는 사람이고, 그의 꿈에 최종적으로 동참하는 것도 관객이라는 사람이다. 혼자서 완성할 수 있는 예술도 있지만 그 역시 사람을 향하고 있다. 무대는 혼자서는 절대로 완성시킬 수 없는 예술이다. 프로듀서는 '고작' 최초의 꿈을 꾸는 사람이다. 어쩌면 사람에 대한 사랑과 관심이 프로듀서라는 일의 시작이자 끝일지도 모르겠다.

배우들과의
격의없는 대화는
앙상블을
탄탄하게 만든다.

외로움은 | 숙명이다

　　　　　　　사람 만나는 일을 핵심 업무쯤으
로 여기고 살다 보니 내 주위에는 언제나 사람들이 많다. 늘 아껴주
고 보살펴주시는 어른들이 계시고, 동생처럼 여겨주시는 선배님들이
있다. 형처럼 나를 따라주는 후배들이 있고, 친한 선배라도 되는 듯
거리낌 없이 문자를 보내주는 학생들이 있다. 프로듀서 지망생 중에
나처럼 되려면 어떻게 해야 하느냐고 물어오는 친구들도 있는데, 그
런 질문을 받을 때마다 내 대답은 한결같다.

　"나 같은 프로듀서가 되는 건 바람직하지 않다. '감히' 나를 뛰어넘
으려는 생각도 바람직하지 않다. 자기 자신의 꿈을 꾸는, 특별하고

독창적인 비전을 성공으로 바꿀 수 있는 용감한 프로듀서가 되기를 바란다."

선후배들과 학생들, 이렇게 많은 사람이 있어도 프로듀서는 외롭다. 외로운 자리다. 누군들 외롭지 않을까. 연출가는 연출가 나름의 외로움이 있고, 배우는 또 그 나름의 외로움이 있다. 누구나 자기 자리에 주어진 숙명 같은 외로움을 안고 산다. 그러니 모두가 외롭다고 나의 외로움이 없어지지는 않는다.

10여 년 전 당장 입원해 치료를 받으라는 의사의 강력한 권고를 받았다. 본래 '의사 선생님'의 말씀은 잘 들어야 하는데 그때는 그럴 수가 없었다. 〈갬블러〉가 40일간의 일정으로 일본 투어 공연을 하고 있었고, 〈아이다〉 초연을 위한 연습이 막 시작되려던 때였다. 일본 투어를 끝내고 〈아이다〉 팀을 모았다. 왜 내가 이 작품을 하게 되었는지, 그동안 어떤 마음으로 진행시켜왔는지를 말한 후에 입원을 했다. 내 환자복을 본 사람은 최은경 부대표가 유일하다. 그나마도 업무를 빙자한 문병이었다. 다른 사람들은 〈아이다〉 쫑파티 때, 그러니까 1년이 지난 다음에야 내가 입원 치료를 받았던 사실을 알았다.

공연의 성공을 위해 치료까지 미루고 끝까지 내 할 일을 다했다는 무용담을 늘어놓자는 게 아니다. 프로듀서는 하나의 무대가 시작되는 발화점이고, 그 불씨가 팀원들에게 번질 때까지 꺼지지 않게 하는 매개체이며, 공연이 끝난 후에는 그 불씨를 갈무리해야 하는 사람이다. 예술가들이 꿈을 펼칠 수 있는 멍석을 까는 사람이면서 동시에 멍석 그 자체이기도 하다. 그리고 다음 멍석을 준비해야 하는 사람이다. 멍석이 흔들리면 모두가 흔들린다.

공연이 성공하면 그것은 모두의 것이다. 그러나 실패하면 분란이 생기고 복잡한 일들이 생기기 십상이다. 참여한 사람들 각자 자신에게 부족했던 부분을 반성할 수는 있겠다. 그 책임감이 너무 무거우면 슬쩍 다른 사람 탓으로 할 수도 있다. 하지만 프로듀서는 빠져나갈 구멍이 없다. 프로듀서는 그들이 느끼는 책임감의 총량보다 더 많은 책임을 져야 한다. 계약을 맺긴 했지만 그 이전에 모두를 하나의 꿈을 위해 모이게 했다. 그러니 그들 모두를 토닥여 보내는 것도 프로듀서의 일이다. 그렇게 모두를 떠나보낸 황량한 벌판에서 마지막 정리를 하고 떠나는 사람 역시 프로듀서다.

프로듀서로서의 외로움은 또 있다. 그것은 확신에 대한 의무다. 일단 작품을 선정하고 사람들을 모았으면 흔들리더라도 흔들리지 말아야 한다. 누구보다 공연의 성공에 확신을 가져야 하고 그 확신을 나누어야 한다.

프로듀서도 사람인지라 불안과 두려움이 있다. 그것을 내보이지 않고 견뎌야 하는 무게는, 꽤 무겁다. 그 무게를 견디지 못하고 한창 연습 중인 배우에게 의지한 적이 있다. 프로듀서로서의 첫 작품인 〈더 라이프〉를 만들어가던 때였다. 첫 작품이라는 것만 해도 살 떨리는 일인데 1998년 당시 제작비가 6억 8,000만 원이었다. 실패할 경우 프로듀서로서도 한 개인으로서도 치명상을 입게 될 상황이었다. 그렇다고 불안하기만 했던 것은 아니다. 작품 자체에 대한 자신감도 있었고 크리에이티브 팀의 진용도 마음에 들었다. 그러니까 자신감과 두려움이 공존하는 묘한 심리 상태였던 것이다. 낮에는 용한 점쟁이의 점괘라도 본 것처럼 큰소리를 치다가 혼자 있을 때는 두려움이 엄습해왔다. 공연이 다가올수록 자신감은 그대로인데 두려움은 점점 커졌다. 그때 내 옆에 대학동기 허준호가 있었다. 6억 원이 넘는 뮤지컬을 만드는 프로듀서와 그 뮤지컬에 주연급으로 출연하는 배우가 선술집에서 소주를 마셨다. 돈이 없어서. 허준호는 내 두려움을 있는 그대로 받아주고 토닥여주었다. 그러면서 잘 될 거라고, 조금만 더 힘을 내자고 말해주었다.

엄격한 잣대를 대면 프로듀서가 배우에게 두려움을 나타내서는 안 되는 거였지만 내 불안을 가장 잘 알아줄 수 있는 친구가 함께 일하고 있는 허준호였다. 그래서 그에게 기댔다. 허준호가 덩달아 불안해하지 않을 사람이라는 믿음도 있었던 것 같다. 지금보다 더 미숙했던 시절의 이야기이고 조금 개선되었을 뿐 여전히 완벽하게 해결하지 못한 부분이다. 모든 프로듀서가 그렇지 않을까 짐작한다.

나는 프로듀서를 가장 낮은 곳에서 가장 먼 꿈을 꾸는 사람이라고 정의해왔다. 가장 낮은 곳과 가장 먼 꿈에 반드시 따라붙는 것이 외로움이다. 꽤 오랜 기간 프로듀서로 살아오고 있고 작품을 할 때마다 만나는 외로움이지만 그때마다 낯설다. 그 외로움에 조금 익숙해질 만하면 새로운 외로움을 자청해야 한다. 기꺼이 자청해야 한다.

Chapter 2

미친 짓의 연대기

운
명
의
메
시
지

나는 프로듀서이기도 하지만, 한편
으론 바보 같은 연극쟁이다. 연극을 한 작품, 한 작품 할 때마다 항
상 나의 부족함과 미숙함을 발견한다. 작품이 나올 때까지 '정말 좋
은 작품이 만들어질까? 프로듀서인 내가 감동할 만큼의 완성도가
나올까?' 늘 불안하다. 내가 만족하고 감동한다고 관객도 그러리라
는 보장은 없지만 내가 만족하지 못하고 감동하지 못하는 작품에 관
객은 절대로 감동하지 않을 테니까 말이다.

참 야속한 연극이다. 스물한 살 때부터 시작해 30년이 훌쩍 넘었
는데도 이 모양이다. 나만 그런가 하면 다른 분들도 마찬가지인 것

같다. 내 나이만큼의 연기경력을 가진 분들, 평생 연극을 하신 분들조차 무대가 두렵다고 말씀하신다.

그럼에도 불구하고 무대를 떠나지 못하는 것이 연극쟁이다. 매번 불확실한 미래에 풍덩 몸을 던져야 하는 것이 연극쟁이의 숙명이다. 부족함은 부족함대로 안고, 만족감은 또 그대로 안고 다음에는 뭔가 새로운 작품을 만들어야겠다는 마음이 생기게 하는 것이 연극의 힘, 위대함이다. 마치 종교 같기도 한 연극이다.

나는 어쩌다 이렇게 되었을까? 어쩌다가 돈도 안 되고 힘들고 불안하고 불확실한, 온전히 제 모습을 보여주지 않는 연극을 오매불망하게 되었을까? 운명이란 것이 있다면, 운명이 정해진 길을 가도록 강제하는 것이라면, 그날의 사고를 운명적 사건이라고 불러도 좋겠다.

운전 부주의였는지 길이 유실됐는지, 정확한 경위는 알지 못한다. 비가 억수같이 쏟아지던 장마철, 비포장도로를 달리던 버스가 4미터 아래로 굴렀다. 버스에 탔던 사람들 여럿이 다쳤고 나 역시 3개월 동안 입원해야 했다. 재수생이었던 나는 그날 광주로 가는 길이었다. 막판 총정리를 위해 학원에 등록할 참이었다. 그전까지는 친구도 만나지 않고 오로지 공부에 열중할 거라며 소안도에 들어가 있었다. 소안도는 완도에서 배를 타고 두 시간 가야 하는 작은 섬이다. 둘째형이 그 섬의 초등학교로 발령이 나서 학교 사택에 살고 있었다.

사택은 바다와 가까웠다. 그리고 해변은 모래가 아닌 자갈이었다. 아침이면 잠을 깨기도 전에 자갈이 우르르 쏟아져 들어오는 소리가 창문을 넘었다. 밤이면 내내 창문을 넘어 들어왔던 소리들이 빠져나가듯 잠이 들었다. 어느 음악회에서도 들을 수 없는 신비하고 절묘한 소리였다. 아침저녁으로 그 소리에 취했다. 산도 자주 오르내리고 때때로 예쁜 처녀가 살고 있던 집의 일손을 거들기도 했다. 이 책의 내용과 상관없지만, 그 처녀는 내가 알지 못하는 달달한 연애를 거쳐 나의 형수님이 되었다. 소안도를 띠올리면 자갈소리를 따라 이런 기억들이 따라온다. 공부했던 기억은 글쎄, 별로 없다.

어른들 말씀대로 공부에 취미가 없는 놈이 섬에 간다고 공부를 열심히 할 리 없다. 학교는 가고 싶지 않은 곳이었고 책을 펴면 잠이 왔다. 학교에 가기 싫은 건 교수가 된 지금도 마찬가지다. 고등학교 3학년 때는 공부를 하지 않아서 낙방했고, 재수할 때는 교통사고를 당한 '덕분에' 낙방했다. 두 번 다 상과대에 지원했는데 그때 합격했으면 지금쯤 명퇴한 전직 은행원이 되었을지도 모르겠다.

재수에 실패한 후 무작정 서울로 왔다. 삼수를 할 자신도 없고 한다고 해서 될 것 같지도 않았다. 그걸 지원해줄 만큼 집안 사정이 넉넉하지도 않았다. 상과대 진학에 실패한 스무 살 청년이 서울에 와서 처음 한 일은 생뚱맞게도 연기학원 등록이었다. 왜 그랬을까 생각해보면 은행원은 내가 갖고 싶은 직업이 아니었다. 매일 돈을 만지는 은행원이 가난한 시골 어른들이 생각하던 출세였고, 그런 어른들의 꿈이 나도 모르는 사이 내 꿈인 양 들어앉았던 모양이다. 나의 꿈이 아닌 것이 좌절되자 비로소 내 꿈이 그 자리로 올 수 있었다. 그러니

두 번씩이나 대학에 떨어진 건 정말 잘된 일이다.

먼저 서울에 와 있던 친구 방에 엉덩이부터 밀고 들어갔다. 거기 빌붙어 살면서 3개월여 학원을 다녔다. 그러던 중 당시 주요한 광고 판으로 쓰이던 전봇대에서 내 눈에만 띄었을 광고를 발견했다. 그것은 미싱사를 구하고 일용직 잡부를 구하고 하숙생을 구하는 많은 전단지들 사이에서 반짝이고 있었다. 두 번째 운명의 메시지였다.

극단 연구단원 모집합니다
– 극단 동인극장

극단 사무실은 사직동에 있는 작은 주택의 2층에 있었다. 사무실이라고 하기엔 가정집 같고 가정집이라고 하기엔 사무실 같았지만 그조차도 멋져 보였다. 그리고 거기서 내 생애 최초로 연극인을 만나 대화를 했다. 마치 동경하는 연예인을 만나는 기분이랄까. 그는 극단 대표이자 극작가인 전옥주 선생이다. 나는 선생이 화를 내시는 모습을 아직까지 본 적이 없다. 자상하기 이를 데 없는 엄마 같은 분이다. 지금은 서울시에서 운영하는 '문학의 집'에서 이사로 계시는데 내가 만든 작품은 꼭 보러 오신다. 신문에 내 소식이 실리기라도 하면 "명성아! 잘 있제? 너 정말 이렇게 열심히 연극하면서 성공하는 거 보니까 기분 좋데이" 하시며 자랑스러워하신다.

동인극장에 가지 않았다면, 그러니까 다른 극단의 전단지를 먼저

어떤 분야든 '신인' 시절이 있지 않은가.
그때의 초심을 잊지 않는 것이 잘 사는 것이다.

(1989년 연극 〈등신과 머저리〉 무대 뒤에서)

봤다면 연극쟁이로서의 궤적이 완전히 달라졌을 것이다. 거기서 중요한 인연을 만났고 전옥주 선생이 그 인연이 내 연극 인생에 도움이 되도록 배려해주었기 때문이다.

연구단원의 1차 연구 업무는 청소, 선배들 심부름, 사무실 업무, 그 외 기타 잡일이다. 1차 연구를 잘해야 선배들에게 연기 수업을 받을 수 있었다. 1차 연구가 익숙해질 때쯤 극단이 한 기업의 후원을 받아 장충동에 연극촌이라는 소극장을 냈다. 지하 1층에 100석 규모였다. 사무실도 거기로 옮기면서 나도 빈대생활을 청산하고 극장에서 숙식을 해결했다.

극장이 있던 건물은 아직 남아 있다. 허구한 날 외상으로 라면과 달걀을 샀던 슈퍼마켓도 그대로다. 수정약국 맞은편 1층. 지금도 그 앞을 지날 때면 보이지 않는 지하를 물끄러미 들여다본다. 그러면 영락없이 스물한 살 청년이 콧노래를 부르며 등장한다. 연기보다는 라면을 잘 끓이던, 재능은 없었지만 무진장 성실했던 그 청년은 나에게 항상 이렇게 속삭여준다. 그래도 꿈을 꿀 수 있어 행복하다고….

뜨겁고도 불안한 | 청춘의 기억

　　동인극장의 개관 공연작은 〈꽃을 사절합니다〉라는 작품이었다. TV 드라마의 대부로 이름을 날린 이기하 선생이 연출을 하고 주인공으로 김갑수 형과 탤런트 김성근 선배가 발탁되어 왔다. 당시 갑수 형은 장래가 촉망되는 여러 배우들 중 한 명이었지만 유명한 배우는 아니었다. 물론 나는 무대에 설 생각은 꿈에도 하지 못할 때였다.

　그냥 그렇게 한 번 스쳐 지나가는, 그리 깊지 않은 인연일 수 있었다. 그런데 이 낯 두꺼운 형이 내가 극장에서 지낸다는 소식을 듣자마자 그날로 짐을 싸들고 들어왔다. 당시 형님 집에 얹혀살았던 것으로 기억한다. 내가 선점하고 있던 나만의 공간에 들어온 침입자에게 나는 라면을 끓여주고 양말을 빨아주었다.

둘만 있을 때 그가 한 행동을 연극인이 아닌 사람이 봤다면 영락없는 사이코라고 생각했을 것이다. 소리 지르며 뛰기, 소리 지르며 극장을 빙빙 돌기, 중얼거리며 빙빙 돌기, 벽에 물구나무 서기. 모두 호흡과 발성을 위한 트레이닝이거나 연기가 자기 마음에 들지 않을 때 하는 행동이었다.

개관 공연이 끝난 후에도 갑수 형은 여기저기 다른 극단에 불려 다녔고 나는 여전히 배우 지망생이었다. 전옥주 선생의 허락도 있었고, 라면 끓여주고 양말 빨아줄 사람이 필요했던 그는 자기가 작품하는 곳이면 늘 나를 데리고 갔다. 연극인들과 안면을 트게 해주고 스태프라도 시켜주려고 애썼다. 내가 데뷔한 작품도 갑수 형이 주연을 한 〈여자의 창〉이라는 연극이었다. 배우 세 명이 나오는 연극에서 나는 대사 여섯 마디를 했다. 드디어 처음으로 무대에 선 것이다.

무대에 한 번 서봤다는 것일 뿐 정식으로 배우가 되었다는 의미는 아니다. 여전히 배우 지망생에 가까웠다. 이후에 동인극장이 문을 닫았고 갑수 형이 마당세실극장으로 가면서 나를 김상열 선생께 소개해주었다. 그 무렵부터 최근까지의 이야기는 나의 이전 책『뮤지컬 드림』에 나왔던 대로다. 배우는 텄고 연출은 젬병이어서 기획을 하게 되었고, 뮤지컬 〈더 라이프〉를 성공시키고 〈갬블러〉로 크게 망하는 등등의 일을 거쳐 오늘에 이르렀다. 물론 정우 스님은 그때부터 지금

장래가 촉망되는 배우와 아직 연극에 발을 들이지 못한 배우 지망생이었던 우리.
결은 달랐지만 그 시절 갑수 형과 나는 뜨겁고도 불안한 20대였다.

까지 든든한 버팀목이 되어주고 계시다.

이번 지면을 빌려 그전에 하지 못했던 이야기를 하고 싶은데, 이게 참 기묘한 감정이라 내 짧은 문장력으로는 무어라 표현하기가 어려워 자꾸 빙빙 맴만 돌게 된다. 궁극적으로는 내가 왜 연극을 하게 되었느냐에 대한 것인데 이게 그저 '행복하기 때문에'라고 하기엔 너무 무책임하고 상투적으로 느껴지기 때문이다. 좀 더 근원적인 곳에서부터의 울림을 얘기하고 싶은데 적합한 단어를 고르려다 보니 점점 말 꺼내기가 어려워진다. 어쩔 수 없이 내 방식대로 촌스럽지만 서술형으로 얘기해보겠다.

갑수 형과의 인연에 대한 이야기다. 나를 무대에 세워준 것도 그였고 김상열 선생께 소개시켜준 사람도 그였다. 그래서 내가 신시의 멤버가 될 수 있었고 프로듀서가 될 수 있었다. 이것만으로도 혼자만의 공간을 나눠주고 라면 끓여주고 양말 빨아준 대가를 톡톡히 받은셈이다. 이 이야기는 여기저기서 꽤 많이 해서 조금 장난스럽게 썼다.

그런데 내가 갑수 형을 생각할 때 가장 먼저 떠오르는 기억은 따로 있다. 촉망받는 배우, 점점 더 주목받는 배우와 아직 연극이라는 망망대해에 발도 담그지 못한 배우 지망생, 매일 자신을 단련해가는 배우와 등 뒤에서 그를 지켜보는 배우 지망생, 극장 바닥에 깔린 침낭에 들어가 누운 배우와 그 옆에 또 다른 침낭 속에 누운 배우 지망생. 결은 달랐지만 우리는 둘 다 뜨겁고도 불안한 20대였다. 그런 두 사람이 지하 극장에서 2년 넘게 같이 살았다. 그는 많은 말을 해주었고 나는 많은 말을 들었다. 말보다 더 많은 어떤 것들이 극장이라는 공간으로 인해 증폭되어 내게 전달되었다. 내가 오늘날 프로듀서로서 이만큼 역할을 하고 있는 힘의 밑바닥에는 그때의 이미지가 있다. 그래서 나는 갑수 형을 '큰 인연'이라고 말한다.

아이비는 자청 신시 공무원이라 할 만큼 신시와 인연이 깊다.
이처럼 후배 배우들과 소중한 인연을
가꾸어나가는 법을 갑수 형이 가르쳐주었다.
(뮤지컬 〈유린타운〉의 한 장면)

나는 왜 연극으로 돌아왔는가

　　　　　　　　　　지금 할 이야기는 가난이다. "우리 때는 말이야"라고 하지 않을 테니 걱정하지 않아도 된다. 세계 어느 나라를 가도 연극쟁이들은 대부분 가난하고 한국도 예외는 아니다. 나의 가난했던 시절이 특별한 것도 아니고 자랑거리도 아니다. 구체적인 건 달라졌어도 지금도 많은 연극쟁이들이 그러고들 산다. 이렇게 전제를 하고 시작하자.

　　서울에서의 내 주거공간은 친구 집, 극단, 누나네, 다시 극단 사무실로 이어진다. 인천에 있는 누나에게 잠시 얹혀살았는데 차비가 부담스러워 사무실로 옮겼다. 10년 넘게 유랑생활을 하다가 서른넷에 처음으로 내 방이란 것이 생겼다. 월세로 얻은 작은 원룸이었다. 그 전까지는 극단에서 이 사람 저 사람 뒤엉켜 숙식을 해결했다. 평균 숙식 인원이 대여섯 명은 되었다.

어찌 보면 참 기가 막힌 풍경이다. 다 큰 남자들이 우글우글 모여 연습을 하고 그 자리에서 또 잠을 잤다. 다른 사무실 사람들이 퇴근한 후에 공동 화상실에서 샤워를 하고 빨래를 했다. 그을음 많은 곤로와 찌그러진 냄비. 절묘한 불 조절로 꼬들꼬들하게 끓인 라면 한 냄비에 김치 하나 놓고 장정 네댓이 달라붙었다. 여름에는 문 열어놓고 선풍기 하나 켜놓고 자고, 겨울에는 각자 개인침낭 안으로 기어들었다. 너무 추운 날은 뻔뻔하게도 부부가 사는 집에 떼로 몰려가 잠을 자기도 했다. 갑수 형이 주된 피해자였다. 12평 남짓한 아파트에 신혼살림을 차린 갑수 형과 현금숙 선배는 추위에 염치를 맡기고 온 후배들의 잦은 습격을 받았다.

우리의 옷은 전천후였다. 결혼식에 갈 때도, 조문을 갈 때도, 식당에 갈 때도 옷은 바뀌지 않았다. 몇몇 '불량 연극인'을 빼고는 모두들 야전잠바와 청바지를 교복처럼 입었다. 물론 이런 패션이 연극인들만의 전유물은 아니었다. 야전잠바와 청바지는 예비역들의 패션 아이템이기도 했다. 연극인과 일반 예비역을 구분하는 결정적인 장식물은 대본이었다. 일부러 제목이 보이도록 접어 뒷주머니에 꽂고 다녔다. 그것은 다른 사람들이 보기엔 하늘을 가리는 손바닥일 수 있었지만 우리에게는 자부심이자 긍지였다. 사람들이 딴따라고 손가

락질하는 연극쟁이, 광대라는 단어가 우리에게는 훈장이었다. 지갑
에는 조금 형편이 넉넉한 선배가 축의금 내라고 찔러준 만 원짜리 한
장밖에 없었어도 기죽지 않았다. 우리는 광대였으니까.

내가 배우로서 받은 돈 중 그나마 출연료라고 부를 만한 액수를
받은 것은 뮤지컬 〈님의 침묵〉에 앙상블로 출연했을 때였다. 놀랍게
도 그때는 쉬는 날도 없이 하루 두 번 공연을 했다. 한 달이면 60회
공연이다. 〈님의 침묵〉은 2시간 40분짜리 공연이었으니 그 시간만 따
져도 한 달이면 160시간이다. 공연 전의 연습, 공연 준비, 이후 정리
하는 시간까지 포함하자면 시간은 엄청나게 늘어난다. 그렇게 3개월
동안 180회를 출연하고 받은 돈이 18만 원이었다. 공연 1회당 출연료
가 1,000원이었던 것이다. 주인공이었던 갑수 형의 한 달 출연료가
20만 원이었다. 당시 물가를 감안하더라도 참 약소한 액수다. 내가
한 작품을 하고 100만 원의 돈을 받아본 게 서른두 살이었다. 작업
한 기간은 3개월이다.

그러니 지갑의 주요 용도는 '지갑'이 아니라 신분증 보관이었다. 어
제도 돈이 없었고 오늘도 돈이 없고 내일도 돈이 없을 게 뻔했다. 출
연료를 받으면 그날로 없어지기 일쑤였다. 얼마 되지도 않는데다가
그간 빌려 썼던 것을 갚고 나면 역시 신분증만 남았다. 우리는 돈이
없었고 집이 없었고 옷이 없었고 절도 없었다. 지금에서야 생각난 거
지만 20대 청춘들의 상징쯤 되는 연애도 없었다. 하다못해 제과점
빵값이랑 우유값은 있어야 하는데 그건 너무 큰 사치였다. 우리는 모

두 장가 같은 건 못 갈 줄 알았다. 가난에 이를 갈며 대학로를 떠나는 사람도 있었다.

명절에도 몇 년에 한 번 집에 내려갔다. 차례만 지내면 얼른 밖으로 나가 친구 집에서 지냈다. 가족들이 걱정할 틈을 주지 않기 위해서였다. 어머니께 용돈을 드리지 못하는 것보다 형님들이 드린 용돈을 내게 주시려고 할 때 더 미안하고 마음이 아팠다.

어쩌다 돈이 좀 있는 날에는 다섯 명이 가서 삼겹살 3인분을 시켜놓고 소주를 마셨다. 고기는 금방 사라졌다. 그다음부터는 불판에 남아 있는 기름에 김치를 구워 먹었다. 우리가 가면 주인이 아예 냉면 그릇에 김치를 담아 주었다. 재기발랄한 어떤 선배는 자기 몫의 삼겹살을 젓가락으로 눌러놓고 연극을 이야기하기도 했다.

그래도 괜찮았다. 친구를 만나지도 연애를 하지도 않았으니 돈 쓸일이 없었다. 술을 마시고 싶을 때는 김치찌개에 소주면 되었다. 가끔이지만 정우 스님이 오시는 날은 각자 1인분 이상의 삼겹살을 먹을 수 있었다. 경제적인 면에서도 더 이상 내려갈 수 없는 바닥이었고 그래서 무서울 게 없었다.

그리고 연극이 있었다. 연극으로 살겠다고 모인 사람들이 있었다. 모두들 가난한 집안 출신이었고 괜찮은 집안 출신들도 딴따라라는 이유로 가족에게 버림받았으므로 다를 게 없었다. 쓸쓸한 영혼들이 모인 그 시간과 공간은 따뜻했다.

우여곡절 끝에 신시의 대표가 되었을 때 나는 뮤지컬에만 전념하겠다고 선언했다. 아직 뮤지컬이 대중적인 인기를 끌지 못하던 때였지만 곧 그런 시대가 오리라 확신했고 현실이 되었다. 그리고 다시 10년 만인 2008년 〈침향〉이라는 연극을 제작했다. 이 작품을 계기로 다시 연극으로 돌아왔다.

사실 작정하고 돌아온 건 아니었다. 몇몇 어른들이 뜻을 모아 작고한 차범석 선생을 기리기 위한 '차범석 희곡상'을 제정했고 상이 제정되었으니 수상작이 나왔다. 그 작품이 김명화 작가의 〈침향〉이다. 김명화 작가는 작가로서의 상상력을 마음껏 발휘해 '대극장용' 사실주의 희곡을 썼고 제작비를 건지지 못할 것이 확실한 대극장 연극을 아무도 하려고 하지 않았다. 다른 것도 아니고 차범석 희곡상을 받은 희곡이 무대를 만나지 못한다니 마음이 쓰였다. 그와 동시에 '박명성이라면 하지 않을까?'라는 기대가 연극계에 돌아다녔다. 그렇게 자의인지 타의인지 모르게 〈침향〉의 제작을 맡게 되었다.

연극 제작은 언제나 어렵고 불안하다. 〈침향〉을 제작할 때도 그랬다. 무려 10년 만의 연극이니 더했다. 그런데 그때 나는 미처 인식하지 못하고 있었다.

"좋은 작품이 있으면 1년에 한두 편씩은 할 생각이다. 기존 연극과 다른, 뭔가 상식의 틀을 깨는 기발한 작품이었으면 좋겠다."

〈댄싱 섀도우〉, 〈맘마미아!〉의 연출자 폴 게링턴이 앞으로도 연극을 할 거냐는 물음에 내가 한 대답이었다. 그러고서야 알았다. 내가 연극을 제작하면서 행복했다는 것을 말이다.

연극은 나에게 즐거움이자 고통이며 좌절이자 구원이다.
가장 암울했던 시절의 가장 빛나는 기억이다. 그래서 연극을 한다.

(연극 〈침향〉의 장면들)

연기학원, 동인극장, 지하 극장, 라면, 모기, 침낭, 추위, 야전잠바, 야채 가득한 곱창볶음, 소주, 마로니에, 여섯 마디의 대사, 스물한 살, 눈 내리는 허허벌판의 양재역, 정우 스님의 삼겹살, 차범석, 김상열, 김갑수, 최일화, 조용태, 이용녀, 권범택, 한보경, 그리고 미래가 보이지 않는, 그래서 현재에만 살았던 20대. 행복의 또 다른 이름들.

이후로 〈가을 소나타〉, 〈대학살의 신〉, 〈피아프〉, 〈레드〉, 〈산불〉, 〈엄마를 부탁해〉 등의 연극을 제작했다. 뮤지컬에 비해 연극의 제작비는 대체로 소박하지만 한 작품에 1, 2억 원씩만 까먹어도 만만치 않은 액수다. 〈푸르른 날에〉, 〈레드〉, 〈가을 소나타〉, 〈엄마를 부탁해〉, 〈아버지와 나와 홍매와〉 같은 작품들에서 적으나마 수익이 나기도 하지만 당분간은 뮤지컬에서 벌어 연극에 투자해야 하는 수익률이다. 그래도 연극 제작을 그만둘 생각이 없다.

연극은 나에게 즐거움이자 고통이며 좌절이자 구원이다. 가장 암울했던 시절의 가장 빛나는 기억이다. 칼날처럼 날카로우며 솜처럼 따뜻한 과거의 기억이자 미래의 희망이다. 그래서 연극을 한다.

예술가보다는 사업가로 치부되는 프로듀서지만, 나는 누가 뭐래도 연극쟁이다. 여태껏 연극쟁이로 살아왔고 앞으로도 그렇게 살아갈 것이다. 내가 무슨 배짱으로 계속 미친 짓을 벌여왔겠는가. 그것은 내가 연극쟁이로 살아왔기에 가능한 것이었고, 연극쟁이로 살아갈 것이기에 앞으로도 가능할 것이다. 이것이 소위 나의 미친 짓의 연대기이자 기원이다.

프로듀서의 | 새로운 길을 걷다

프로듀서로 살아오면서 참 많은 상을 받았다. '분에 넘치는 상'이라는 등의 겸손은 생략하겠다. 감히 겸손하지 않아도 될 것 같기 때문이다. 자랑스럽고 뻔뻔하게 지금껏 내가 받은 상들을 나열해보면 '한국뮤지컬대상 프로듀서상', '오늘의 젊은 예술가상(문화관광부 장관상)', '대한민국 국회대상(대중미디어부문)' 2회, '대한민국 문화예술상(대통령상)', '옥관문화훈장', '이해랑연극상' 등이 있다. 작품으로 받은 상은 모두의 것이므로 생략했다.

나는 독자들이 '문예인 해외연수 지원', '옥관문화훈장', '이해랑연극상'에 주목해주었으면 한다. 문예인 해외연수 지원은 상은 아니지만 내 연극 인생에 큰 전환점이 되었다. 1981년부터 1999년까지 시행되었는데 연극, 전통, 무용, 음악 등 순수예술 각 분야에서 한 명씩 뽑아 6개월 동안 정부에서 해외연수를 보내주는 인재양성 프로그램이다. 대상자의 나이가 마흔 이전이어야 한다는 기준이 있는데 발전 가능성에 투자한다는 의미였던 것 같다. 실제로 이 혜택을 받은 많은 분들이 대한민국 문화예술계의 중심에서 많은 공헌을 했고 지금도 하고 있다. 연수자로 선정된 덕분에 뉴욕에서 연극과 뮤지컬을 실컷 볼 기회가 생겼다. 문화훈장은 "문화예술 발전에 공을 세워 국민문화 향상과 국가발전에 기여한 공적이 뚜렷한 자에게 수여하는 훈장"이라고 한다. 40대에 이 상을 받은 사람이 많지 않은 것으로 안다. 그리고 이해랑연극상. 이것으로 받을 수 있는 상은 거의 다 받아버렸다.

흥미로운 점은 이 모두가 프로듀서로서는 처음이라는 것이다. 특히 이해랑연극상은 1991년 제정된 이래 프로듀서는 단 한 번도 수상하지 않았다. 23회가 이어지는 동안 배우, 연출가, 극작가, 무대미술가, 연극단체 등이 받았을 뿐 프로듀서는 몇 년 전 내가 후보가 되었던 것이 전부였다. 프로듀서는 무대예술을 하는 연극인이 아니라 공연계의 사무직 혹은 사업가였던 것이다.

상을 받는다는 건 기분 좋은 일이다. 나는 지금껏 내가 받아온 상을 프로듀서로서 새로운 문화를 만들어왔다는 데 대한 보상이면서 도덕적으로도 큰 흠이 없다는 인정으로 받아들인다. 앞으로 더 잘하라는 격려의 의미도 있을 것이다. 이런 의미를 기꺼이 받아들이면서도 한편으로는 무겁다.

　상은 과거에 대한 인정이면서 동시에 미래에 대한 속쇄다. 이해랑 연극상을 보자. 수상자로 선정된 후 나는 농담처럼 말했다. 이제 꼼짝없이 돈 안 되는 연극을 계속해야 하는 팔자가 되어버렸다고. 내가 연극을 제작하지 않으면 사람들이 '먹튀'라고 손가락질하지 않겠느냐고. 프로듀서로서 처음 받는 것이니 더욱 그렇다. 이해랑연극상 심사위원회는 "기획·제작 분야가 취약했던 우리 연극계에서 박명성은 전문 프로듀서로서 커다란 역할을 해왔다. 또한 예술성 높은 작품들을 만들어 한국 연극에 역동성을 불어넣고 조타수 역할을 한 전문 프로듀서로서 이해랑연극상 수상자로 손색이 없다"라고 선정 이유를 밝혔다. 이런 이유로 이해랑연극상을 처음으로 받은 프로듀서가 연극 발전에 도움이 되는 모습을 보여야지 그렇지 않으면 '장사꾼에 불과한 자에게 귀한 상을 낭비했다'고 할 것이다. 그러면 후배 프로듀서들은 이 상을 받기 어렵게 된다. 민폐다.

　상은 수상자뿐 아니라 비수상자를 향하고 있기도 하다. 어떻게 보면 이 의미가 더 큰 것 같기도 하다. 후배 프로듀서들을 만나면 종종 이런 이야기를 듣는다.

　"정말 형님 덕분에 자부심을 느껴요. 형님이 프로듀서의 위상을 높여주고 우리 일 자체의 퀄리티를 높여준 거에 대해서 정말 고맙게 생각해요."

　"형님을 보고 사는 사람들 정말 많아요. 행보를 관심 있게 보는

프로듀서로 살아오면서 참 많은 상을 받았다.
이 모두가 프로듀서로서는 처음인 상이다.
그러나 최초라는 기쁨보다 책임감이 더 무겁게 느껴진다.

(왼쪽 위부터 시계 방향으로 대한민국 문화예술대상(대통령상), 이해랑연극상,
오늘의 젊은 예술가상, 옥관문화훈장 수훈 및 수상 장면)

사람도 많고요. 또 어떤 새로운 행보를 만들어갈까? 이번에는 어떤 스타일의 작품으로 일을 저지를까? 이떤 도전으로 세상을 놀라게 할까? 도대체 박명성의 끝은 어딘지 모르겠다고들 해요."

꼭 상을 받기 위해 하는 건 아니지만 열심히 하면 수상의 영광을 안을 수도 있다는 것은 비수상자를 포함한 미래 세대들에게 자극제가 된다. 20대의 누군가는, 최소한 한 사람쯤은 '프로듀서 박명성'을 보면서 자신의 미래를 꿈꾸고 있을 것이다. 그래서 더 무거워진다. 내가 문예인 해외연수 지원에 선정된 이후 몇몇 후배 프로듀서들이 같은 혜택을 받고 연수를 다녀왔다. 시간이 지나면 문화훈장을 받는 프로듀서가 또 나올 것이고, 이해랑연극상을 받는 프로듀서도 나올 것이다. 개중에 누군가는 상의 기대를 저버리고 다른 길로 갈지 모른다. 수상자가 많을수록 비난의 강도는 약해질 것이다. 그런데 첫 수상자는 다르다. '최초'라는 것은 언제나 사람들의 주목을 받을 수밖에 없다. 그래서 '감히' 겸손하지 않은 것이다. 수상의 기쁨보다는 그 책임감이 훨씬 길기 때문에, 그것을 무겁게 느끼고 있기 때문이다.

그리고 프로듀서로서의 첫 수상이라는 것이 나만의 영광은 아니다. '이러저러한 행보를 보이고 있는 박명성이라면 이 상을 받기에 충분하다'라는 것도 있지만 '오늘날 프로듀서의 위상과 역할을 볼 때 그들도 이 상을 받아도 되겠다'라는 것도 있다. 내가 너무 잘해서 받은 게 아니라 시대가 만들어준 상이라는 뜻이다.

우리 '1세대 프로듀서'들은 프로듀서라는 개념조차 없던 이 땅에서 프로듀서의 역할과 위상을 맨몸으로 직접 만들어왔다. 우리의 활동 범위가 곧 프로듀서의 역할이 되었다. 젊었을 때는 그저 헤쳐 나오기 바빠서 몰랐는데 지금에 와서 보니 우리가 고군분투했던 현장들이 프로듀서의 영역이 되어 있다. 어떻게 될지 장담할 수는 없지만 앞으로 프로듀서의 영역은 더 넓어질 것이고 1세대 프로듀서들의 행보가 큰 영향을 미칠 것이다.

언제였더라, 강부자 선생이 어떤 시상식에서 백범의 말을 인용하신 것이 기억난다.

"눈길을 걸어갈 때 어지럽게 걷지 마라. 오늘 내가 걸어간 길이 훗날 다른 사람의 이정표가 될 것이다."

나는 어지럽게 걷지 않았던가? 이정표라고 자신할 수 있는 걸음도 보이지만 그렇지 않은 걸음도 많다. 종종 비틀거린 발자국이 보인다. 짧으나마 주저앉았던 자국도 보인다. 다른 사람은 몰라도 내 눈에는 보인다. 부디 타산지석으로 삼아주기를 바랄 뿐이다.

연극 정신의 | 살아 있는 화신

　　　　　　　상 몇 개 받은 것 가지고 너무 폼
잡은 것 같다. 연극에 발을 들인 지 30년이 넘었고, 대한민국에서 둘
째가라면 서러울 정도로 많이 망해봤고 또 성공도 많이 했다. 꽤 파
란만장한 연극 인생을 살아와서 후배들에게 해주고 싶은 이야기도
많다. 이 책을 쓰는 이유도 여기에 있다. 후배들이 이 책을 봐주었으
면 하지만 선배님들이 보신다는 생각을 하면 좀 민망해진다. 이 민망
함을 얼른 피하기 위해 후배들이 모범으로 삼기에 더없이 좋을 두
분을 소개한다.

　먼저 손숙 선생. 나는 겨우 쉰을 넘기고서 파란만장 운운하는데

선생은 데뷔한 지 50년이 넘었다. 큰 굴곡 없이 살아온 사람이라도 50년쯤 살면 책 몇 권 분량의 이야기는 있는 법이다. 그리고 그쯤 살면 인생이 만만치 않음을 알게 된다. 평온했던 기억보다 헉헉거렸던 기억이 더 많은 나이다. 앞으로 더 많은 헉헉거림이 있을 거라는 것도 알 나이고. 그런데 선생은 연극인으로 50년을 살아오신 것이다.

모든 직업의 이름 뒤에 '정신'이라는 단어를 붙일 수 있다. 물질적 보상과 별도로 자기 직업의 존재 이유를 아는 것이 직업 정신의 시작이다. 그 정신을 오래도록 실천할 때 세상은 그에게 '장인 정신'을 가졌다고 말한다. 나이 쉰이 되면 하늘의 뜻을 알아야 한다는데, 천명이 나이만 먹는다고 알아질 리 없다. 자신의 인생을 갈고닦아야 한다. 직업의 지천명 역시 직업 정신을 갈고닦아야 깨닫게 될 것이다. 직접 여쭤보면 시치미를 떼시겠지만 선생은 연극인으로서 지천명에 이르렀을 거라고 감히 짐작한다.

지금도 연극인은 배고픈 직업이다. 50년 전에는 오죽했을까. 나로서는 상상조차 하기 힘들다. 경제적인 어려움과 연극판의 열악함, 선생은 그런 세월을 건너오셨다. 그만 무대를 떠나고 싶은 갈등은 없었을까? 나는 있었을 거라고 생각한다. 그래도 연극판을 떠나지 못한 것은 연극을 종교처럼 사랑하는 마음, 다시 말해 연극 정신이 있었기 때문일 것이다. 연극 정신이 선생을 무대에 묶어두었고 선생은 기꺼이, 행복하게 무대를 지켰으리라 생각한다. 그러지 않으면 선생의 행보는 설명이 되지 않는다. 매일 두 시간씩 라디오 생방송을 진행하

50년과 60년은 간단한 세월이 아니다.
그 긴 세월을 켜켜이 쌓으면서 그들은 전설이 되었다.
(연극 〈가을 소나타〉 기자간담회)

고 곧바로 연습실로 향한다. 고희의 나이에 연간 네 편 정도의 연극 무대에 오른다. 열정이 없으면, 행복하지 않으면 할 수 없는 일이다.

이런 손숙 선생이 "선생님"이라고 부르는 분이 임영웅 선생이다. 세상에, 데뷔한 지 60년이라니! 내가 스물한 살인 1982년에 연극을 시작했는데 선생은 1955년에 연출가로 데뷔하셨다. 내가 살아온 시간보다 더 긴 세월 동안 연극을 하신 분, 그냥 원로이기만 한 게 아니라 현역으로 활동 중인 원로. 고개를 숙이지 않을 재간이 없다. 선생은 자신만의 진솔한 무대 언어로 감동을 전해주신다. 거기에 더해 서정성과 음악성을 중요시하는 독창적인 연출 세계를 개척해오셨다. 한국 연극계의 살아 있는 역사이며, 앞으로의 행보 또한 한국 연극계의 역사가 될 것이다.

임영웅 선생과 처음 인연을 맺은 것은 1982년이었다. 연극협회 이사장에 출마하셨을 때였다. 선거운동을 도와드리긴 했어도 깊은 인연을 맺었다고 하기는 어렵다. 군대에 비유하자면 사단장과 사병의 관계쯤 될까. 이후에 차범석 선생의 심부름을 가서 몇 번 같이 식사도 하면서 점점 존경하게 되었다. 그래도 여전히 무서웠다. 선생이 재미있고 유머가 넘치는 분이라는 건 나중에서야 알았다. 선생을 모시고 작업을 한 것은 2001년 뮤지컬 〈키스 미 케이트〉를 할 때였다. 이후에 〈산불〉, 〈갬블러〉에서 연출과 프로듀서로 만났다. 그리고 작품때문에 뉴욕, 런던, 일본에 선생을 모시고 몇 번 다녀온 적도 있다. 같이 하는 작업이 없을 때에도 늘 자문을 구하고 힘을 얻고 있다.

데뷔한 지 50년이 넘은 배우의 폭풍처럼 휘몰아치는 강렬함. 데뷔 60주년을 맞이한 연출가의 수묵畵를 펼쳐놓은 듯 진솔하고 묵직한 연출선. 이 두 거장이 만난 작품이 2014년의 〈가을 소나타〉다. 영광 스럽게도 내가 프로듀서를 할 수 있는 기회가 주어졌다. 임영웅 선생의 데뷔 60주년을 기념하는 이 공연을 준비하면서 나는 내내 설레고 기뻤다. 두 거장의 호흡을 볼 수 있는 행운이 내게 주어진 것이다. 어떤 사람은 어른들과 작업하는 게 불편하다고 하는데 나는 훨씬 편하다. 어른들을 멘토 삼아 연극 정신을 배우고 나 스스로를 반성하는 계기로 삼을 수 있기 때문이다.

50년과 60년은 간단한 세월이 아니다. 그 긴 세월을 켜켜이 쌓으면서 그들은 전설이 되었고 동시에 현역으로 우리 곁에 계시다. 나도 이제 선배보다는 후배가 더 많은 나이가 되었다. 나이를 먹을수록 선배라고 부를 수 있는, 선생님이라고 부를 수 있는 분들의 존재가 더욱 소중해지고 간절해진다.

연극인의 삶은 화려하지 않다. 맨몸으로 인생에 맞서고 그 상처로 무대에 서는 처절한 아름다움 같은 것이다. 프로듀서로서, 특히나 뮤지컬 프로듀서로서 주목을 받을 때마다 스스로를 경계하는 이유가 여기에 있다. 처절한 아름다움을 잊어버리는 순간 나 역시 장사꾼이 되어버릴 것이기 때문이다. 두 거장과 작업하면서 그 아름다움을 다시금 보았기에 하는 말이다.

뮤지컬의 화려함, 연극의 날카로움

　　　　　　　사람들에게 '뮤지컬'의 이미지가 어떠냐고 물어보면 우선은 화려함을 떠올린다. 그렇다. 뮤지컬은 화려하다. 노래와 춤, 오케스트라, 역동적인 무대장치 등이 어우러지니 화려하지 않게 느껴지는 것이 오히려 이상하다. 뮤지컬은 참으로 매력적인 장르다. 무대 메커니즘이 펼쳐 보이는 기발한 상상력의 세계를 보는 것 자체만으로도 흥미진진하다. 대형 뮤지컬만은 못하지만 소극장 뮤지컬 역시 '아기자기한 화려함'이 있다.

　　그런데 연극 하면 무엇이 떠오르는가? 사람들마다 표현하는 단어가 조금씩 다를 수는 있겠지만 그 단어들의 공통분모는 '배고픔'으로 요약될 수 있을 것이다.

연극의 공통분모가 배고픔이라면 연극인의 공통분모는 가난한 생활이다. 연극인의 생활이 가난하다는 것이지 연극인의 인생이 가난하다는 뜻은 결코 아니다. 그런데 이상하다. 가난하고 미래가 불확실한데도 불구하고 여전히 연극에 인생을 걸고 있는 연극인들이 많다. 때로는 영화배우로 성공한 사람들이 '고향 같은 곳'이라며 연극으로 돌아오기도 한다. 무엇이 그들을 연극에 머물게 하고 무엇이 그들을 연극으로 돌아오게 하는 것일까? 연극의 무엇이 힘든 생활에도 불구하고 새로운 용기와 도전 정신을 솟구치게 만드는 것일까?

연극인들마다 대답이 다르겠지만 나는 그것을 즐거움이라고 표현한다. 연극을 만드는 일 자체는 모험으로 가득 찬 재미있는 작업의 세계다. 늘 분주하고 정신이 없고 작업을 거듭할수록 우리의 부족함을 발견하게 되지만, 연극에는 즐거움이 넘쳐난다. 한 작품을 만들기 위해 공부하는 즐거움이 있고, 좋은 작품을 만들어가는 과정의 즐거움이 있고, 많은 사람들에게 내가 만든 연극을 보여주는 '베푸는' 즐거움이 있다. 새로운 작품을 통해 배우와 스태프들 간에 새로운 인연이 생기는 즐거움도 있고, 그 작품을 통해 관객들과 만나는 인연의 즐거움도 있다. 더불어 문화예술을 향유하는 사람들과 함께 사는 즐거움이 있다. 이런 즐거움이 있기 때문에, 이 힘 때문에 우리는 언제나 즐거운 도전과 모험 정신으로 연극과의 행복한 전쟁을 치르고 있는지도 모른다.

연극을 하는 사람들만의 즐거움으로는 그 명맥을 이어갈 수 없다. 여기에는 관객의 즐거움도 있다. 어떤 시대이건 간에 부조리와 아픔이 있었고, 그것은 그 시대를 살아가는 대중들의 고통, 상처, 좌절로 나타나기 마련이다. 인생 자체는 고난이 아니지만 감당하기 어려울 만큼 많은 고난들이 우리 인생을 후려쳤고 앞으로도 그럴 것이다. 좌절한 사람들, 상처받은 사람들, 위로가 필요한 사람들에게 연극은 오랫동안 변함없이 그들의 정신을 보듬어주고 마음을 다독여주는 정신적인 벗이 되어왔다.

때로는 잘못된 사회, 권력의 모순을 강렬하게 고발하기도 했으며 이러한 시대 때문에 아픈 사람들을 어루만져주고 억울한 마음을 해소해주는 신문고 역할도 마다하지 않았다. 수많은 대중들의 영혼을 치유해주는 시대의 대변자 역할을 해왔던 것이다. 연극인들에게 연극의 매력이 '즐거움'이라면, 관객에게는 감동을 통해 정신을 맑게 하고 생활과 삶의 윤활유가 되어주는 것이라고 할 수 있다. 연극은 마치 연극인들에게 영혼이라도 되는 것처럼 단 한순간도 우리 곁을 떠나지 않는 정신적인 버팀목이자 그것을 향유하는 수많은 대중들에게 마음의 스승이자 친구가 되어왔다.

그래서 연극은 향유하는 모든 이에게 돈으로 환산할 수 없는 '세금 없는 자산'을 만들어주어야 한다. 그 자산이 값진 것이 되기 위해서는 잘 만들어진 연극, 감동이 있는 연극, 살아남는 연극을 만들어야 한다. 그래야 그 자산이 진짜가 되는 것이다.

화려함에 현혹된 사람은 훌륭한 연극을 만들 수 없다.
기본기부터 탄탄히 해야 하는 이유다.

(연극 〈레드〉의 한 장면)

훌륭한 연극을 만드는 데는 정도가 없다. 문제의식 또한 한정될 필요가 없고 해답 또한 없다. 많은 사람들이 어떤 작품을 좋아한다고 해서 모든 연극이 똑같은 형식을 취할 필요 역시 없다. 그래서는 안 된다. 선택과 집중에서 벗어나 다양하고 자유로운 연극을 만들어야 한다. 혁신적인 아이디어를 바탕으로 주제와 목적이 뚜렷하고 모험을 두려워하지 않는 작품이 많이 나왔을 때 우리 연극은 비로소 영혼으로 가는 열쇠를 갖게 되는 것이다.

내가 서두에서 굳이 연극과 뮤지컬의 이미지를 대비시킨 것은 연극의 '날카로운 정신'을 잊지 말았으면 하는 바람 때문이다. 뮤지컬에는 연극에 있는 정신이 없다는 말이 아니다. 뮤지컬도 연극의 한 장르이니만큼 그 정신이 존재한다. 뮤지컬의 화려함에 눈이 팔려 그 화려함을 가능하게 하는, 그 밑바탕에 있는 정신이 쉽게 보이지 않을 뿐이다. 화려한 흥행의 기술을 배우기 전에 어떻게 작품을 만들 것인지 기본기부터 배워야 한다. 좋은 연극을 만들 수 있어야 뮤지컬도 잘 만들 수 있다. 화려함에 현혹된 사람, 날카로운 정신이 없는 사람은 훌륭한 연극을 만들 수 없다.

가장 처절한 실패의 기억은 뮤지컬
〈갬블러〉다. 변명의 여지가 없는 실패였다. 연극 정신을 발현하다가
그런 것도 아니고, 새로운 도전을 한 것도 아니었다. 그저 자만심에
들뜬 프로듀서가 벌인 과욕의 결과였다. 1990년대 후반, 뮤지컬 관객
이 많지 않았던 시기에 초연의 막을 내린 지 두 달 만에 재공연이라
니 말도 안 되는 결정이었다. 이 실패를 통해 과욕에 대한 경계와 최
악의 상황에 대한 대비가 필요하다는 것을 배웠다. 그래도 여전히 부
끄러운 실패의 기억이다.

　　연극쟁이로 살면서 가장 아쉬웠던 실패는 뮤지컬 〈댄싱 섀도우〉였

다. 7년 동안 45억 원을 들인 작품으로 극본, 연출, 음악, 안무, 무대·의상·조명 디자인 등을 해외 유명 아티스트에게 맡기는 파격적인 시도를 했다. 공연예술계에서도 한국 창작 뮤지컬의 수준을 한 단계 높였다는 평가를 해주었다. 그러나 흥행에는 실패했다. 당시 내가 받았던 충격은 컸다. 나 자신에 대한 실망감, 이렇게 공을 들인 작품에 호응해주지 않는 관객에 대한 섭섭함, 무대공연 자체에 대한 회의감 등이 한꺼번에 몰려왔다. 우리 컴퍼니 식구들을 볼 낯도 없었다. 불면증에 시달릴 만큼 괴로웠다.

그때 내게 다시 일어설 힘을 주신 분이 김성녀 선생이다. 선생은 내 제안을 한 번도 거절하신 적이 없다. 아무리 바빠도 어떻게든 시간을 쪼개서 출연을 해주셨다. 뮤지컬 〈댄싱 섀도우〉에서도 극의 중심을 잡아주셨고, 뮤지컬 〈엄마를 부탁해〉에서는 엄마 역을 맡아주셨다. 이외에도 함께 작업한 작품들이 많다. 선생은 좌절하고 있는 내게 이렇게 말씀하셨다.

"너무 낙담하지 마. 박 대표는 우리 연극계의 희망이야. 충분히 이걸 딛고 일어설 수 있어."

그러고는 출연료를 받지 않겠다는 말까지 하셨다. '일방적으로' 입금해드리긴 했지만 선생은 끝까지 받지 않겠다고 하셨다. 출연료의 문제가 아니라 선생의 그런 마음이, 앞으로 어떻게 컴퍼니를 다시 일으켜 세워야 할까 고민하고 있는 나에게 큰 용기와 힘이 되었다. 금전적인 면에서 보면 〈댄싱 섀도우〉가 더 큰 실패이지만 부끄러운 기억은 아니다. 연극 정신의 발현이었고 새로운 도전이었기 때문이다.

"박 대표, 또 일 저질렀네!"

〈댄싱 섀도우〉의 실패 이후, 김성녀 선생은 내가 어려운 도전을 할 때마다 이렇게 말씀하셨다. 그러시면서 우리 공연의 티켓 판매 순위를 직접 확인하시고 전화로 걱정을 해주시고 작품이 잘되면 너무 좋다고 기뻐해주신다. 그리고 함께 일을 저질러달라고 말씀드리며 두말 없이 동참해주신다.

비슷한 말씀을 해주시는 분이 또 있다. 손숙 선생이다. 연극 〈엄마를 부탁해〉 재공연에 엄마 역을 맡으셨을 때였다. 재공연은 대극장인 국립중앙박물관의 용극장을 선택했다. 초연 때도 600석이 넘는 세종문화회관 M시어터에서 한다고 주변 분들에게 걱정을 들었던 터였다. 작품에 대한 자신감, 대극장 연극의 가능성 타진 등의 이유로 M시어터를 선택했는데 두 달 동안 거의 매진이었다. 그런데 용극장은 800석인데다, 위치도 M시어터에 비해 열악하다. 문화적인 면에서는 척박한 변두리 지역이나 다름없었다.

"박 대표 너는, 도대체 이 큰 극장에다가…. 어떡하려고 찬바람 부는 이 겨울에 허허벌판에 있는 극장을 잡았어? 두 달 동안 손님을 어떻게 채우려고, 무슨 똥배짱으로 그러는 거야?"

그리고 공연이 성공한 이후에는 이렇게 말씀해주셨다.

"우리 박 대표가 키가 작달막해도 통이 커. 추진력도 좋고, 자기가 생각하는 거에 확신을 갖고 밀고 나가는 맷집도 좋고 말이야. 역시 작은 거인이야.”

 ‘또 일을 저질렀다’, ‘무슨 똥배짱이냐’, ‘역시 작은 거인이다’라는 선생들의 말에서 나는 걱정과 기대, 칭찬과 나무람을 한꺼번에 듣는다. 연극계 어른으로서 새로운 시도를 해줘서 기특하고 또 한편으로는 걱정도 되시는 것 같다. 솔직히 나는 이런 말씀을 해주시는 것이 좋다. 내가 매너리즘에 빠지지 않고 새로운 시도를 하고 있다는 증거이고, 그런 나를 걱정해주시는 마음을 느낄 수 있으니 말이다. 최소한 2015년까지는 원 없이 걱정을 들었다.

 대형 창작 뮤지컬 〈아리랑〉 얘기를 안 할 수가 없다. 〈아리랑〉은 조정래 선생의 대하소설을 원작으로 한 작품이다. 내가 『아리랑』을 뮤지컬로 만들겠다고 하자 조정래 선생께서 “지금까지 신시컴퍼니를 이끌어온 걸로 봐서는 박명성이는 하겠다, 해라, 아리랑이 이제 주인을 찾았다” 하고 말씀하셨다. 영화, TV 드라마, 뮤지컬로 만들겠다고 온 사람은 많았는데 결과물은 없었다는 것이다. 그만큼 무대언어로 바꾸기 어려운 작품이다.

 3년 동안 46억 원의 제작비가 투입된 〈아리랑〉은, 〈댄싱 섀도우〉 이후 가장 모험적이고 위험한 발상의 도전이었다. 때때로 “얼마나 망하는지가 문제다”라고 농담을 하기도 했다. 30년 넘게 연극쟁이로 살면서 성공하는 선택만 하지는 못했지만 항상 멋진 선택을 했다는 자부심은 있다. 공연예술의 새로운 길을 열어간다는 생각으로 열정적으로 작업했다. 오랜 노력 끝에 만들어진 〈아리랑〉은 2015년 7월

〈아리랑〉은 3년 동안 46억 원의 제작비가 투입된,
가장 모험적이고 위험한 발상의 도전이었다.

LG아트센터에서 두 달 동안 관객들을 만났다.

"주옥같은 캐릭터와 이야기와 문장과 풍경묘사와 상황들을 1퍼센트도 담지 못했습니다. 하지만 누가 되지 않으려 몸부림친 날들이 숱하다는 것만은 알아주십시오."

연출이 원작자에게 고백한 말이다. 숱한 몸부림의 날들은 나도 잘 안다. 연출뿐 아니라 배우, 스태프, 신시의 기획팀은 저마다 자기 분야에서 몸부림을 쳤다.

그렇게 각자가 자기 자리에서 최선을 다해준 덕분에 공연은 120퍼센트 성공을 거두었다. 공연 초반을 제외하고는 매회 매진이었다. 평소 초대해달라던 지인들이 나에게 표를 사달라고 부탁할 정도였다. 다른 뮤지컬에 비해 중장년 관객층이 두터운 〈맘마미아!〉보다 중장년 관객들의 비중이 높았던 점도 긍정적이었다. 50대부터 70대까지 손을 잡고 온 부부 관객이 많았다. 뮤지컬이라는 장르에서 일정 부분 소외되었던 분들을 모셔옴으로 해서 관객의 저변 확대에도 기여를 한 것이 아닌가 생각한다. 조정래 선생도 몇 번을 보시고는 "주위 사람들이 너무 좋아한다. 특히 영상전문가인 아들이 스토리와 영상이 빈틈이 없을 정도로 융합되었다고 하더라"라고 하시며 행복해하셨다.

2개월 동안 5만 명이 넘는 관객이 〈아리랑〉을 만났다. 어떤 관객은 슬프고 처연하고 답답하고 화가 나더라고 했다. 티슈 몇 장으로는 흐르는 눈물을 다 닦을 수 없었다고 했다. 득보와 수국이 달콤한 사랑을 속삭일 때조차 눈물이 났다고 했다. 그렇게 울고도 남은 울음이 있어서 목이 아프고 다음날 아침까지도 눈이 아팠다고 했다. 낡디 낡았다고 여겼던 아리랑이 이렇게 깊게 현재의 아픔으로 다가올 줄 몰랐다고 했다.

고맙지 않은 사람이 없다. 조정래 선생을 비롯해 연출, 스태프, 배우, 기획팀 그리고 관객들까지 모두에게 감사의 인사를 드린다. 이분들 덕분에 〈댄싱 섀도우〉 때 맺혔던 한을 한꺼번에 날려버릴 수 있었다. 덕분에 조금은 뒤로 물러서는 여유를 가질 수 있었다. 프로듀서의 자리가 그렇다. 공연이 성공하면 뒤로 물러서서 감사의 인사를 하고 박수를 치면 된다. 그러나 실패하면 공연에 참여했던 모든 사람들 앞에서 비바람을 막아주어야 한다.

실패했더라도 나는 '이럴 줄 알았다' 하면서 새로운 꿈을 향해 나아갔을 것이다. 연극작업은 하다가 잘못되어도 상관이 없다. 공연을 만드는 데는 정답이 없으니까 형식에 구애받을 필요도 없다. 뮤지컬 〈아리랑〉이 성공했다고 그것이 정답은 아니다. 오로지 〈아리랑〉만이 갖고 있는 새로운 스타일과 다양성만이 정답이고 〈아리랑〉도 그 중 하나다. 용기 넘치는 도전을 반복하다 보면 성공한 작품도 있고 실패한 작품도 있다. 쓰디쓴 실패의 구배길 없이 곧게 뻗기만 하는 인생이 어디 있던가. 낙담도 좌절도 즐겨야 한다. 모든 것을 내동댕이치고 싶을 때가 바로 승리의 문턱에 다다랐다는 증거라 여기며 작업해왔고 앞으로도 그럴 것이다.

똥배짱을 부린 첫 작품이 〈댄싱 새도우〉다.
다행히 한국뮤지컬대상에서 작품상을 비롯해 5개 부문의 상을 휩쓸었다.
흥행에는 실패했지만 나는 '이럴 줄 알았다'.

〈아리랑〉이 연일 매진 행렬을 하고 있다는 소문이 돌면서 만나는 사람마다 돈을 좀 벌었느냐고 묻는데 어림없는 소리다. 두 달 내내 만석이었어도 이번 초연으로는 손익분기점을 맞추지 못한다. 그러나 소문이 퍼지기 시작한 후로는 내내 매진되어 객석만은 초대박이 났다. 재공연에 대한 명분, 재공연에 대한 기틀을 만든 것이고, 국민 뮤지컬로 거듭날 수 있다는 자신감도 얻었다. 아쉽게도 극장을 너무 짧게 잡았다. 마음 같아서는 당장이라도 재공연을 올리고 싶지만 극장이 없다. 1년 동안 수정, 보완해 지금보다 더 멋진 무대를 만들어 2017년에 재공연을 올릴 계획이다. 더 감동적인 〈아리랑〉으로 거듭날 것이다.

하루 연장한 마지막 공연의 무대인사에서 김성녀 선생이 "박명성 대표가 〈아리랑〉을 계속할 수 있게, 새로운 창작 뮤지컬을 할 수 있게 신시의 〈원스〉, 〈아이다〉, 〈맘마미아!〉, 〈시카고〉도 많이 봐달라"고 하셨다. 관객들은 폭소가 터졌고, 나는 얼굴이 붉어지는 고마움을 느꼈다. 그렇지 않아도 다음으로 준비하고 있는 창작 뮤지컬은 화가 이중섭의 감동적인 이야기를 공연할 예정이다. 그 무렵이 되면 창작 뮤지컬을 하라고 하셨던 김성녀 선생을 비롯한 많은 어른들께서 또 말씀하실 것이다.

"박 대표, 또 일 저질렀네! 박명성 똥배짱을 누가 말려!"

그 똥배짱의 결과가 신통치 않으면 나도 후회할지 모른다. '이럴 줄 알았다' 하고 말이다. 그러나 다음 해에도 또 그 다음 해에도, 이런 걱정과 응원을 듣고 싶다. 프로듀서로 살고 있는 한 '저지르는' 작품을 하고 싶다. 세밀한 전략을 세우고 저지르는 것이 아니라 지질러 놓고 세밀한 전략을 세우는 프로듀서로 살고 싶다. 햄릿처럼 심사숙고하고 고뇌하는 프로듀서가 아니라 돈키호테처럼 일단 시작부터 하고 보는 프로듀서가 되고 싶다. 돈키호테는 미쳤고 미치지 않은 돈키호테는 아무 매력이 없다. 그래서 일 저실렀나는 밀을 들이야 한다. 그 말을 듣는 동안에는 아직은 내가 쓸 만한 프로듀서라는, 존재 이유가 있는 프로듀서일 것이기 때문이다.

Chapter 3

예술
: 가슴 뛰는 작품을 하라

프로듀서가 무대를 향해 꾸는 최
초의 꿈을 실무적으로 이야기하면 작품 선정이 될 것이다. 창작이든
라이선스 계약을 하든 고전이든, 프로듀서가 무대에 올릴 작품을 선
정해야 그다음의 일들이 진행된다. 마지막 커튼이 내려오기 전까지
무엇 하나 중요하지 않은 일이 없지만 모든 것의 시작이라는 의미에
서 보면 작품 선정이 가장 중요하다.

어떤 작품을 무대에 올려야 할까? 작품을 선정하는 기준은 무엇
이 되어야 할까? 아무래도 돈 될 만한 작품이 좋지 않겠는가. 신시컴
퍼니의 〈맘마미아!〉만 해도 10년 동안 1,400회가량 하면서 1,000억

원이 넘는 매출을 올렸다. 누적 관객 수도 180만 명에 육박한다. 작품 하나 흥행시키면 돈에 쪼들리지 않고 다음 작품을 할 수 있고 프로듀서로서 명성을 떨칠 수도 있다.

그러니까 어렵고 골치 아픈 주제의 작품은 **빼야** 한다. 관객들이 받아들이기 어려운 낯선 형식의 작품 역시 제외해야 한다. 투자해야 할 액수가 너무 큰 작품은 그만큼 크게 흥행시켜야 하기 때문에 손익을 맞추기 어렵다. 공연장에서 나가는 관객들의 머리는 가벼워야 하고 형식은 익숙해야 하며 초연만으로도 충분한 수익을 뽑을 수 있는 규모여야 한다.

이런 작품들이 대학로에 넘쳐난다. 그런데 듣자하니 그다지 돈이 되지 않는다고 한다. 그러니 작품을 선정하는 기준으로 '돈 될 만한 작품'은 바람직하지 않은 셈이다.

그럼 어떤 작품을 무대에 올려야 할까? 나에게도 논리적으로 정리된 기준은 없다. 짧고 간결하게, 그러면서도 명확하게 정리된 기준이 있어서 한눈에 알아볼 수 있게 보여주면 좋겠지만 나에게도 없고, 그런 게 있다는 말을 들어본 적도 없다. 다만 돈 될 만한 작품을 기준으로 선정하는 사람들과 내가 다른 점은 말할 수 있을 것 같다. 시작하는 지점이 다르다는 것 말이다.

나는 관객이 좋아할 것 같은 작품을 해오지 않았다. 솔직히 관객이 어떤 얘기를 듣고 싶어 하는지도 확실하게 알지 못한다. 내가 기획하고 제작한 작품이 관객의 큰 호응을 받은 적은 많지만 흥행이 되겠다, 돈이 되겠다 해서 만든 작품은 없다. 내가 무대를 상상하는 동력, 작품을 제작하는 동력은 두근두근 뛰는 내 가슴이다. 창작이든 브로드웨이나 웨스트엔드에서 인기를 끌고 있는 작품이든 고전이든, 내 가슴을 뛰게 만드는 작품을 만들어왔다. 의미가 불명확한 말인 줄 안다. 그래서 여태까지 내 가슴을 뛰게 했던 작품들을 예로 들면서 이야기를 시작할 참이다. 한 가지 팁을 주자면 "프로듀서로서 어떤 작품을 하면 행복할까?"라는 질문을 염두에 두고 읽었으면 좋겠다.

시작은 〈렌트〉다. 내가 이 작품을 한다고 했을 때 다들 안 된다고 했다. 나와 가까운 사람일수록, 작품을 본 사람일수록 강하게 반대했다. 그들의 반대는 논리정연했다. 음악은 지금도 비주류에 속하는 락(Rock)이다. 등장인물은 마약 중독자, 에이즈 환자, 동성애자이고 그나마 '형편'이 나은 인물도 집세조차 내지 못하는 가난뱅이다. 원 세트인 무대는 시종일관 암울하고 형식도 대사 하나 없는 오페레타 형식이다.

좋은 작품이고 뉴욕의 젊은이들을 열광시키고 있지만 한국의 정서로는 절대로 받아들일 수 없는 뮤지컬이라고 했다. 뉴욕에서 공연을 본 사람들은 하나같이 작가인 조나단 라슨의 천재성에 감탄했지만 그들 중 단 한 사람도 '어쩌면 성공할지도 몰라' 정도의 말도 해주지 않았다. 하나같이 "이 작품은 죽었다 깨어나도 한국에서 성공할 수 없다"라고 말했다. 절대로 돈이 될 수 없는, 돈을 까먹을 수밖에 없는 작품이라고 말했다.

그런데 〈렌트〉는 돈이 됐다. 공연을 오픈하기 전 객석 점유율이 68퍼센트였고, 공연이 시작된 후에는 2,200석이 넘는 예술의전당 오페라극장의 구석 자리까지 매진되었다. 2000년 초연 후 10회의 공연 모두 성공을 거두었다.

모두가 반대하는데도 2000년 당시 우리 돈으로 7,600만 원이라는 거금을 들여 라이선스 계약을 맺은 것은 관객에 대한 믿음이 한 몫을 했다. 지금도 우리 사회에서 금기시되는 소재들을 썼지만 작품이 전달하고자 하는 내용은 사랑, 우정 그리고 희망이었다. 나는 관객이 이 작품의 본뜻을 충분히 알아챌 거라고 본 것이고 관객은 이에 호응해주었다. 그러나 관객에 대한 믿음이 작품을 선정하게 된 결정적인 이유는 아니었다.

나는 뉴욕 연수 시절, 이 작품을 네 번 봤다. 그만큼 이 작품에 미쳐 있었다. 그리고 한국의 관객과 같이 미치고 싶었다. 관객도 이 멋진 작품에 미치게 하고 싶었다. 간절하게 같이 미치고 싶은데 가능할까? 우리나라의 젊은 관객이라면 얼마든지 가능하다는 결론이 나왔다. 관객이 호응해줄 거라는 기대가 아니라 같이 미치고 싶다는 마음이 먼저였다. 흥행할 작품을 선정하는 것이 아니라 내가 먼저 미치고 그다음에 흥행의 가능성을 발견하고 만들어가야 한다. 뛰는 가슴이 먼저다.

나보다 훨씬 더 가혹하게 '이런 건 절대 안 된다'는 말을 들었을 사

〈렌트〉를 올린다고 했을 때, 다들 실패할 거라 만류했다.
그러나 나는 이 작품에 미쳐 있었다.
그리고 한국의 관객들과 같이 미치고 싶었다.

람이 있다. 그는 자신의 가슴속에서 수만 번은 공연되었을 작품이 무대에 오르는 것을 끝내 보지 못했다. 젊은이들이 열광하는 것 역시 보지 못하고 초연 사흘 전 세상을 떠났다.

조나단 라슨은 어릴 때부터 트럼펫, 피아노, 튜바 등을 배웠다. 고등학교 때는 연극을 했고 대학은 4년 동안 장학금을 받으면서 연극예술을 전공하고 작곡도 했다. 많은 연극과 뮤지컬에 참여했다. 얼마든지 기존 체제에서 일할 수 있었던 젊은이가 난방도 안 되는 방에서 작품을 썼다.

브로드웨이의 관객은 관광 온 중년층이 주류를 이룬다. 그들에게 뮤지컬 관람은 관광코스의 하나다. 그러니 심각하고 진중한 주제의 뮤지컬은 성공하기 어렵다. 그들은 화려한 쇼와 따뜻한 휴머니티, 그리고 낯설지 않은 형식을 원한다. 그런데도 조나단 라슨은 주류에서 밀려난 청춘들의 이야기를 주제로 삼았다. 누군가는 말했을 것이다. 이렇게 어두운 이야기로는 절대로 브로드웨이에서 성공할 수 없을 거라고. 브로드웨이의 공식에 따르라고. 그래도 그는 5년 넘게 푸치니의 오페라 〈라보엠〉을 듣고 또 들었다. 그 시간 동안 그는 오로지 확신에만 가득 차 있었을까? 그렇지는 않았을 것이다.

'젊은 놈이 뭐 얼마나 대단한 예술 할 거라고.'

'전통적인 형식을 따라야지 뭐 잘났다고.'

'새로운 뮤지컬 한다고 할 때부터 알아봤지. 이럴 줄 알았어.'

'그냥 젊은 애의 치기 어린 객기에 불과한 것 가지고, 이야기할 가

치도 없어.'

작품이 실패했을 때 듣게 될 비난이 두렵기도 했을 것이다. 과연 내 이야기와 노래를 사람들이 좋아해줄까 불안했을 것이다. 그래도 그는 포기하지 않았고 마침내 전 세계 젊은이들을 열광시킬 작품을 만들어냈다. 기존의 브로드웨이와 완전히 다른 스타일의 작품으로 젊은이들을 열광시켰다. 〈렌트〉는 젊음의 아이콘이 되었다.

시간을 거슬러 가보자. 조나단 라슨은 왜 〈렌트〉 같은 '이상한' 작품을 쓰려고 했을까? 브로드웨이 스타일에 염증을 느낀 것이 먼저인지, 〈렌트〉에 대한 아이디어가 먼저인지는 알 수 없다. 확실한 것 한 가지는 '이 작품은 돈이 되고 상을 받을 것이다'라고 생각해서 시작하지 않았다는 것이다. 암울한 청춘남녀의 이야기로 새로운 스타일의 뮤지컬을 만들고 싶다는 떨림이 먼저였을 것이다. 흥행은 그 이후의 일이다. 브로드웨이 뮤지컬이 다 나쁜가? 그렇지 않다. 중요한 것은 기존 브로드웨이에는 조나단 라슨의 가슴을 뛰게 만드는 이야기가 없었다는 점이다. 그의 가슴을 뛰게 만드는 작품은 완전히 새로운 뮤지컬이었다.

만약 조나단 라슨이 불안을 이기지 못하고 기존 체제로 돌아갔으면 어땠을까? 예술가로서의 그의 삶은 어땠을까? 내가 한국의 정서에 맞지 않는다는 이유로 〈렌트〉를 하지 않았다면, 돈 될 만한 작품만 해왔다면 어땠을까? 프로듀서로서의 내 삶은 어땠을까? 나에게는 답이 있지만 다른 사람에게 강요할 수 있는 답은 아니다. 내 질문은 이것이다.

뛰는 가슴을 진정시키고 오로지 차가운 머리로만 작품을 선택하는 프로듀서로 살 수 있는가? 그래도 행복할 수 있는가?

〈렌트〉는 뮤지컬의 팬클럽과
마니아층을 모으는 시발점이 되었다.

작가보다 먼저 | 감동하는 사람

　　　　　　　　　2007년 우리는 세계 최고의 '도나'
를 만났다. 박해미, 이태원에 이어 〈맘마미아!〉의 주인공 도나 역을
맡은 최정원은 2008년 스웨덴에 갔다. '말뫼'라는 도시에 건립된 1만
5,000석 규모의 돔구장 개장을 축하하기 위한 자리였다. 전 세계에
서 활동 중인 스웨덴 뮤지션들이 초청되었다. 이날의 피날레는 〈맘
마미아!〉 갈라쇼가 장식했다. 그래서 〈맘마미아!〉 주요 인물인 도나,
타냐, 로지를 연기하는 배우들을 불렀는데 최정원이 도나의 세계 대
표로 초청된 것이다.
　　그런데 세계 최고의 도나를 탄생시킨 그 공연 때 최정원의 육체적

인 컨디션은 최악이었다. 공연 중에 담석증 진단을 받은 것이다. 허리가 부러질 듯 아팠고 앉을 수도 없었다. 원 캐스트라 다른 배우에게 미룰 수도 없었다. 그녀는 공연이 끝나면 병원으로 퇴근하고 다음 날이면 외출증을 끊고 나와 무대에 올랐다. 그렇게 2주를 보냈다. 몸에 이상신호가 왔을 일주일과 회복하는 기간 일주일을 합치면 어림잡아 한 달 동안 극심한 통증이 있었을 것이다.

그런데 그 한 달 동안 아무도 몰랐다. 그녀는 어떤 내색도 하지 않았고 언제나처럼 최고의 연기를 보여주었다. 그때의 연기 덕분에 세계 최고의 도나로 초청되었으니 환자였던 최정원이 도나가 되었을 때 어떤 무대를 보여줬는지 짐작할 수 있을 것이다. 그녀는 공연이 완전히 끝난 후에야 나와 동료들에게 그 사실을 폭로했다. 그런 몸으로 어떻게 노래하고 춤추고 연기를 했느냐고 물었더니 몸이 부서질 듯 아프다가도 무대에 오르면 아픈 게 없어지더라고 했다. 우리는 그날 '우물 같은 배우' 최정원 때문에 울었다.

무대에 오르니까 아픈 게 없어지더라는 말을 나는 조금도 의심하지 않는다. 공연 중에 통증이 왔다면 그런 무대를 보여줄 수 없다. 어떻게 그럴 수 있을까? 원 캐스트에 대한 책임감도 어느 정도는 영향을 미쳤을 것이다. 최정원은 지독한 프로니까. 그러나 작품에 대한 감동이 먼저였을 거라고 나는 믿는다. 작품에 감동을 하게 되니 도나와 하나가 될 수 있었을 것이다. 낯선 이야기는 아니다. 연기에 몰입해 다친 줄도 모르더라는 이야기는 배우를 칭찬하는 단골 소재다.

때로는 작품이 너무 마음에 들어서 노 개런티로 출연했다는 말도 듣는다. 관객이 배우에게 기대하는 모습이기도 하다.

나는 사랑하는 사람들의 이별을 쓰면서 울지 않았던 작가의 작품은 보고 싶지 않다. 그것을 보고 울지 않았던 사람이 연출하는 작품은 보고 싶지 않다. 자기가 맡은 배역에 공감하지 못하는 배우의 작품은 보고 싶지 않다. 나뿐 아니라 모든 관객이 그럴 것이다. 그 작품에 참여하는 모든 사람이 관객보다 먼저 감동했기를 바란다. 그런 작품을 보고 싶다. 작가와 연출과 배우에게 차가운 머리를 가지라고 말하는 사람은 없다. 그러면 프로듀서에게는? 작가 다음으로 감동하는 사람, 때로는 작가보다 먼저 감동하는 사람이 프로듀서라고 나는 생각한다.

〈맘마미아!〉는 중년들의 가슴에 불을 질렀다. 관객의 60퍼센트 이상이 중년층이었다. 아이돌 가수에 열광하는 십대들처럼 자리에서 일어나 같이 노래를 불렀다. 집으로 돌아가서는 온 동네에 이 불길에 동참하라고 부추겼다. 한국 중년들의 감동은 어디에서 시작된 것일까? 최초는 아바의 감동이었다. 그들은 자신들이 감동한 노래로 스웨덴 사람뿐 아니라 세계인들을 감동시켰다. 그때 감동했던 세계인들 중 주디 크레이머라는 프로듀서가 있었다. 그는 자신의 감동을 테이블 위에 올려놓고 아바 멤버들을 설득해냈다. 그리고 작가 캐서린 존슨, 연출 필리다 로이드를 감동시켰다. 다시 그들에게 감동한 배우와 스태프들이 웨스트엔드의 관객들을 감동시켰다. 그 관객들 중에

에릭 울프슨이 내게 〈맘마미아!〉의 불길에 동참할 것을 권했고,
나는 기꺼이 한국 최초의 방화범이 되기로 했다.
그 감동은 한국의 중년 관객에게 그대로 이어졌다.

〈갬블러〉의 원작자이자 〈댄싱 섀도우〉의 작곡가인 에릭 울프슨이 있었다. 그가 나에게 〈맘마미아!〉의 불길에 동참할 것을 권했고 공연이 끝난 후 나는 기꺼이 한국 최초의 방화범이 되기로 했다.

프로듀서는 돈 계산도 잘해야 하지만 돈 계산만 잘해서는 안 된다. 차가운 머리는 뜨거운 가슴에 녹아들어야 한다. 프로듀서의 목표는 1,000만 원을 들여서 만든 작품으로 2,000만 원을 버는 것이 아니다. 제작비는 감동을 전파하기 위해 필요한 것이다. 수익은 관객을 감동시킨 부산물이며 또 다른 감동을 전하기 위한 도구다. 프로듀서의 목표는 좋은 작품, 멋진 작품이어야 한다.

〈맘마미아!〉는 1,500회를 향해 질주하며
한국 뮤지컬의 역사를 바꿔나가는 중이다.

관객을 행복하게 만드는 것

　　만약 그때, 사람들의 말을 듣고 〈렌트〉에 미쳐 있는 내 마음을 눌렀다면 어땠을까? 지금까지도 미련이 남았을 것 같다. 그리고 새로운 형식에 대한, 파격적인 무대에 대한 자신감을 얻는 데도 상당한 시일이 걸렸을 것 같다. 무엇보다 그다지 행복하지 않은 프로듀서가 되었을 것이다.

　　〈렌트〉 이후에는 〈시카고〉를 무대에 올렸다. 지금은 익숙해졌지만 뮤지션이 무대 위에 있고 작은 공간에서 이야기를 풀어나가는 특별한 형식의 풍자 뮤지컬이다. 그 후 〈뱃보이〉, 〈라스트 파이브 이어스〉, 〈유린타운〉 등 한국에서는 경험하지 못했던 새로운 스타일에 도전했다. 나는 그 자신감을 〈렌트〉에서 얻었다. 작품의 완성도가 높기만 하다면 아무리 파격적인 스타일이라도 우리 관객들은 공감하고 즐길 수 있는 준비가 되어 있다는 것도 알게 되었다.

〈렌트〉 이후 나는 또 시험에 들었다. 가슴은 충분히 뛰고 있었다. 관객은 물론이고 한국 뮤지컬계의 가슴도 울렁거리게 하고 싶었다. 그런데도 나는 주저했다. 2003년 〈아이다〉를 앞에 두고 이러지도 저러지도 못하고 있었다. 포기하자니 가슴이 뛰고 진행하자니 겁이 났다. 총제작비는 당시 환율로 158억 원. 무대 설치기간 6주, 무대 리허설 1주. 여기에 프리뷰 공연 1주를 더하면 본 공연 전에 두 달이 소요된다. 그렇게 계산하고 보니 공연기간이 최소 10개월은 되어야 했다. 그때까지 〈오페라의 유령〉이 6개월로 국내 최장기 공연이었다. 〈렌트〉 때와는 차원이 다른 무모함이 요구되었다. 〈렌트〉의 총제작비는 7억 원으로 〈아이다〉와는 비교도 되지 않는다. 〈아이다〉가 실패할 경우, 나는 말할 것도 없고 신시컴퍼니 자체가 사라져버릴 수도 있었다.

〈렌트〉에 대한 의견을 묻고 다닐 때는 '하긴 할 건데 이왕이면 동의를 받고 싶다'는 마음이었다면, 〈아이다〉 때는 정말 해도 되겠는지 묻는 것이었다. 아니나 다를까, 반대가 압도적으로 많았다. 그래도 묻기를 멈추지 않았던 것은 그만큼 가슴이 뛰고 있었기 때문일 것이다. 여전히 〈아이다〉는 세차게 문을 두드리고 있었다. 도전할 용기를 주는 말이나 뛰는 가슴을 식게 할 어떤 말이 필요했다. 그러다가 지금 국립극장장으로 계시는 안호상 선배의 말을 만났다.

보는 순간 내 가슴을 뛰게 했던 작품 〈아이다〉.
주변에서는 하나같이 만류했지만, 〈아이다〉는 세차게 문을 두드리고 있었다.

"박 대표가 아니면 우리 관객들은 절대로 국내에서 〈아이다〉를 만날 수 없어요."

그것으로 갈등은 끝났다. 〈아이다〉의 라이선스 계약을 놓고 국내 기획사와의 경쟁은 전혀 없었다. 그만큼 성공 가능성은 작고 희미했다. 그러나 이전과는 생각의 순서가 달랐다. 성공 여부 때문에 강행하기로 한 것이 아니다. 나를 무아지경에 빠뜨렸던 작품을 우리 관객들에게도 소개해야 한다는 사명감이 강행을 결정하게 했다. 이미 하기로 했다면 작고 희미하나마 그 가능성을 크게 키워야 한다. 그것 또한 프로듀서의 일이다.

물론 사명감만이 결정의 원인은 아니다. 내 안에는 열정, 종종 '악마적'이라는 수식어를 붙이고 싶은 열정이 있다. '관객들의 머리를 뒤흔들어버리겠다, 정서적인 충격을 주겠다, 묵직한 숙제를 내주겠다, 완전히 새로운 형식으로 깜짝 놀라 자빠지게 하겠다, 무대에 정신없이 빠져들게 하고 배우들과 함께 놀도록 하겠다.' 하나의 작품을 할 때마다 관객과의 싸움이라고 불러도 좋을 광기 같은 것이 솟아난다. '무아지경에 빠뜨려버리겠다'는 것이 〈아이다〉의 악마였다.

나는 초연 첫 번째 공연 때는 늘 객석 뒤에서 공연을 지켜본다. 공연이 끝나면 얼른 나와 로비에서 관객의 표정을 살핀다. 그들의 표정을 보면 내가 그 싸움에서 이겼는지 졌는지 알 수 있다. 머리가 흔들리고, 정서적 충격을 받고, 묵직한 숙제를 안고, 깜짝 놀라 자빠진 관객의 마음을 한 마디로 요약하면 '행복'이다. 정서적 충만감이라고 불러도 좋다. 내가 로비에서 보고 싶은 것은 관객의 행복한 표정이다. 만족스러운 얼굴로 나오는 그들을 보면 나도 만족스러워진다. 사람을 정서적으로 만족시킨다는 것, 행복하게 만드는 일은 얼마나 멋지고 짜릿한 일인가. 관객을 행복하게 만들면 그것을 보는 내가 행복해진다. 이것이 내가 연극쟁이로 살고 있는 이유다.

세계적인 작사가 팀 라이스(가운데)는 한국의 〈아이다〉를 보고
세계 수준에서 부족함이 없다고 평가했다.

고만고만한 프로듀서로 남을 것인가

　　　　　　　딱히 계획한 건 아닌데 2~3년에
한 번은 어려운 작품을 하고 있다. 어려움의 의미는 매번 다르다.
〈렌트〉처럼 파격적이어서 흥행에 성공하기 어려운 작품이 있고, 〈아
이다〉처럼 막대한 물량을 쏟아붓고 복잡한 무대 메커니즘을 소화해
야 하는 작품이 있다. 〈엄마를 부탁해〉처럼 소설의 언어를 무대의 언
어로 바꾸는 작업이 어려운 작품도 있다. 모두 도전이었고 새로운 것
에 도전하는 내 가슴은 그때마다 뛰었다.
　　〈렌트〉와 〈아이다〉는 연극쟁이로서의 내 인생에서 결코 빼놓을
수 없는 작품이고 자주 입에 올리는 작품이기도 하다. 여전히 좋은

작품이지만 이제는 내 가슴을 뛰게 하기에 부족함이 있다. 〈렌트〉는 더 이상 한국 관객들이 받아들이기 어려운 정서를 가진 작품이 아니다. 오랫동안 공연을 하다 보니 형식도 새롭게 느껴지지 않는다. 그렇게 파격적이던 작품이 이제는 익숙한 작품이 되었다. 〈아이다〉의 무대는 여전히 아름답지만 이제는 무대 메커니즘이 더 이상 어렵지 않고 투자 물량에 대한 부담도 예전보다 적다. 〈엄마를 부탁해〉는 연극과 뮤지컬에서 모두 성공을 거두었고 계속해서 재해석되어 무대에 오르고 있다.

이렇게 무대에 올리는 작품들이 익숙해질 때쯤 괴짜 기질이 발동한다. 남들이 하지 않으려고 하는 작품, 엄두를 내지 못하는 작품, 하지만 나라면, 우리 신시라면 어려움을 겪더라도 해낼 수 있을 것 같은 작품에 도전해보고 싶은 괴짜 근성이 발동하는 것이다. 새로운 이야기에 대한 갈망, 새로운 스타일에 대한 욕구다. 사업적으로 보면 한 고비 넘겨서 안정될 만하면 새로운 일을 벌이는 형국이다.

2014년에 올린 〈고스트〉는 연인원 5,400명이 투입되어 10주 동안 무대설치와 리허설을 했다. 수익을 생각하면 정신 나간 짓이다. 10주 동안의 대관료만 해도 소극장 연극 몇 편은 만들 수 있는 금액이다. 〈고스트〉는 익히 알고 있는 영화 〈사랑과 영혼〉을 원작으로 만들었다. 사랑과 권선징악이라는 메시지는 새로울 것이 없고 그것을 전하는 방식 역시 새롭지 않다. 내 가슴을 뛰게 만든, 도전해보고 싶게 만든 점은 무대 메커니즘이었다. 환상 그 자체! 마술까지 동원한 무

무대 메커니즘의 최첨단을 보여주는 〈고스트〉.
마치 3D 영화를 보고 있는 것 같은 압도적인 비주얼은 관객들의 넋을 빼놓기에 충분했다.

대 메커니즘의 최첨단을 보여주고 싶었다. 〈맘마미아!〉에 쓰인 특수 조명기의 숫자는 180대였고, 〈아이다〉가 240대를 썼다. 〈고스트〉에 는 무려 400대가 쓰였다. 일반적인 국내 창작 뮤지컬에 쓰이는 조명 기의 숫자가 40대 정도인 걸 생각하면 어마어마한 물량이다.

〈아이다〉와는 또 다른 의미의 환상적인 무대가 펼쳐졌다. 그것은 환상 그 자체였고 관객들의 벌어진 입은 공연 내내 다물어지지가 않 았다. 3D 영화를 보는 것 같은 압도적인 비주얼은 관객들의 넋을 빼 놓기에 충분했다. 물론 배우들의 연기 또한 훌륭했다. 주원과 아이비 의 재발견, 최정원에 대한 재확인이 큰 수확 중에 하나였다. 열 번 넘 게 공연을 관람한 관객이 꽤 있었다.

하지만 흥행에 대한 기대에 부풀어 있을 무렵 우리에겐 끔찍한 비 극이 벌어졌다. 그 이름을 입에 올리는 것만으로도 다시 눈시울이 뜨 거워진다. 무심한 바다가 우리의 소중한 아이들을 한순간에 삼켜버리 고 거센 파도에 스러져버린 꽃송이들 앞에서 우리는 무기력하게 눈물 만 꾸역꾸역 집어삼키고 있었다. 그 시간을 어렵게 견디고 난 후 정신 을 차려보니 티켓 판매율은 반 토막이 났고 흥행 결과는 참패였다. 하 지만 그럼에도 나는 또 하나 소중한 것을 건져냈다.

재공연에 대한 확신! 그것을 얻은 것만으로 나는 또 새로운 계획을 세울 수 있게 된 것이다.

설레고 가슴을 뛰게 하려면 새로운 길을 가야 한다. 새로운 도전, 어려운 도전을 해야 한다. 익숙한 것은 편하다. 편안한 작업에 도전은 없다. 그리고 가슴이 뛰지도 않는다. 물론 새롭고 어려운 것이니 만큼 실패의 위험도 따른다. 그러다가 실패하면 어쩔 거냐고 묻는다 면 프로듀서로서의 당신은 누구냐고 되묻겠다. 프로듀서로 살아가려 는, 살아가고 있는 이유가 무엇인지 묻고 싶은 것이다. 고만고만한 공 연을 만드는, 고만고만한 프로듀서가 되어서 있어도 그만, 없어도 그 만인 그런 프로듀서가 되고 싶은가?

돈을 벌기 위해 프로듀서로 사는 사람도 있다. 물론 프로듀서도 돈을 벌어야 한다. 그래서 사업가의 기질을 가져야 한다. 그러나 사 업가는 아니다. 프로듀서는 광대다. 적어도 나는 광대 같은 프로듀서 로 살고 싶다. 작품에 미치고 관객도 그 작품에 미치게 하는 광대로 살고 싶다.

세계무대에서 빛나는 광대 짓에 도전하다

2014년 1월, 지금까지와는 완전히 다른 도전을 제안받았다. 2015 광주 하계 유니버시아드 대회 개·폐막식의 총감독을 맡아달라는 것이었다. 고민이 많았다. 연극이든 뮤지컬이든 매번 새 작품을 할 때마다 도전이고 모험이지만 유니버시아드 대회는 기본적으로 체육행사다. 내용도 다르고 형식도 다르고 감동시켜야 할 관객도 다르다. 그럼에도 개·폐막식 총감독이라는 중책을 수락한 것은 내용, 형식, 관객이 달라도 공연을 통해 사람을 감동시킨다는 것은 다르지 않기 때문이다. 30년이 넘는 공연 제작 경험을 모두 쏟아붓는다면 감동을 줄 수 있을 것이라는, 세계에 우리 문화의 아름다움을 보여줄 수 있는 좋은 기회가 될 것이라는 확신이 있었다. 또 하나의 '미친 짓'을 한다는 넘도 있었디.

두 달 동안 서울과 광주를 부지런히 오갔다. 서울에서는 뮤지컬 〈아리랑〉의 사람들을, 광주에서는 유니버시아드 대회 사람들을 만났다. 일반적인 공연이라면 콘셉트를 잡는 데 꽤 많은 시간을 들였겠지만 유니버시아드 대회는 달랐다. 유니버시아드 대회는 젊은이들의 축제이고, 도전은 그들의 상징이다. 만만한 도전이 어디 도전이던가. 좌절에 난타당하면서도 기어코 극복하고 마는 것이 뜨겁고 섣부른 청춘이다. 그래서 청춘은 빛난다. 찬란한 젊음, 빛나는 젊음이라는 표현처럼 젊음은 빛나는 존재이고 끊임없이 도전했던 젊음은 인류의 역사를 관통하며 시대의 빛이 되어왔다. 이렇게 빛나는 청춘들의 대회가 빛고을 광주에서 펼쳐진다. 그러니까 빛을 공연의 중심에 두는 것은 당연하다. 대회의 콘셉트는 빛, 슬로건은 'Light Up, Tomorrow (창조의 빛, 미래의 빛)'로 정해졌다.

젊은이들의 빛을 어떻게 형상화할 것인가? 이 빛 속에 '미래의 리더십은 나눔과 배려'라는 구체적인 주제를 어떻게 녹여낼 것인가? 2011년의 중국 선전이나 2013년의 러시아 카잔처럼 많은 비용을 투입할 수 없다는 한계는 분명했다. 대회 전체 예산은 카잔 대회의 12분의 1인 6,127억 원이었고, 그 중 개·폐막식에 배정된 예산은 104억 원이었다. 적은 예산으로 두 대회의 규모를 따라가려고 하면 엉성한 공연이 될 수밖에 없다. 최대한 창의적인 아이디어를 내고 선택과 집중을 통해 경제적이고 효율적인 공연을 만들어야 한다. 그러면서 광주의 문화를 보여줘야 하고 동시에 보편성도 확보해야 한다.

세계 젊은이들의 축제인 유니버시아드 대회, 예향의 도시 광주, 전통문화를 미래 문화 콘텐츠로 발전시키는 새로운 해석, 세계인들이 감동할 수 있는 보편성을 한 번에 담을 수 있는 형식을 고민했다. 그리고 대규모 행사에서 빈번하게 보이는 '화려한 지루함'이 없어야 한다. 대형 스타들을 줄줄이 무대에 세우면 그들 각자는 화려한 무대를 만들겠지만 전체적으로는 흐름이 뚝뚝 끊기면서 지루해진다. '예산이 적다, 일관된 스토리가 이어져야 한다'는 두 가지 숙제를 놓고 고민하다가 내가 잘 아는 분야인 뮤지컬을 떠올렸다. 뮤지컬이라는 형식이라면 이 요소들을 충분히 담을 수 있고 주제를 쉽게 전달할 수도 있을 것이다. 그러면 지금까지와는 다른 한 편의 뮤지컬 같은 개·폐막식이 될 것이라고 생각했다.

연극이나 뮤지컬을 만들 때처럼 개·폐막식에서의 내 역할도 프로듀서였다. 주제를 잡고 사람들을 모으고 함께 우리의 꿈을 만들어갔다. 그 꿈을 통해 우리 국민들과 세계인을 감동시키고자 했다.

어떻게 개·폐막식의 주제를 하나의 이야기로 끌어나갈 것인가? 그래서 소설가 문순태 선생을 모셨다. 문순태 선생은 이번 대회의 개·폐막식 추진위원으로도 활동하셨는데 그동안의 개·폐막식 영상을 보면서 광주의 방향을 생각하셨다고 한다. 우리나라만의 문화 특수성과 세계적인 보편성을 접목하기 위해 많은 노력을 해주셨다.

어떻게 대회의 주제인 빛을 시각적으로 보여줄 것인가? 그래서 세계적인 미디어 아티스트 이이남 작가에게 함께해줄 것을 제의했다.

"'창조하는 힘의 신성한 섬광은 아직도 우리 안에 살아 빛나고 있다'는 아놀드 토인비의 말처럼 스케일이 다른 빛의 마술을 열린 마음으로 감상하다 보면 그 빛의 주인공이 바로 '나'라는 것을 느끼게 될 것이다." 그는 언론과의 인터뷰에서 이렇게 말했다.

이이남 작가의 빛은 남도예술의 고전과 현대의 만남, 동서양의 만남, 고전예술과 뉴미디어아트의 만남을 보여줄 것이었다.

사람의 몸짓으로 빛을 보여주기 위해 한국 무용계를 대표하는 박금자 선생에게 안무 감독을 부탁드렸고, 의상에도 광주의 빛이 지나가게 하기 위해 패션 디자이너 박항치 선생에게 의상 감독을 맡겼다.

이들 모두의 공통점은 호남을 대표하는 예술가들이라는 점이다. 호남 사람들만 기용하려 한 게 아니라 호남의 문화를 제대로 보여주기 위해 이들이 필요했다. 평소 예술적 의견을 나누던 분들이라 우리의 꿈을 함께 꿀 수 있는 분들이라는 확신도 있었다.

개·폐막식을 합쳐 3,000명이 넘는 젊은이들이 6월 광주의 뙤약볕 아래에서 뒹굴면서 연습을 했다. 그들을 뒹굴게 하면서 나 역시 살아오면서 맛보지 못한 경험을 했다. 청춘들과 함께하는 기쁨, 그들과 새로운 것을 만들어가는 기쁨을 느꼈다.

드디어, 개막식. 'U are Shining'이라는 주제로 대한민국 특유의 흥으로 시작해 세계 젊은이들의 어울림이 이어졌다. 한국 젊은이들의 문화적 자산을 바탕으로 세계 젊은이가 소통하는 이야기가 신나게 펼쳐지고 마지막에는 대한민국 광주가 전하는 생명 사랑의 메시지와 큰 대동놀이가 한 편의 뮤지컬처럼 펼쳐졌다.

특히 팻말 대신 LED 조명을 이용한 것이 신선하다는 평가를 많이 받았다. 지금껏 선수단이 입장하면 국가명이 적힌 팻말을 들었는데 그 대신 LED 조명이 장착된 상자를 들게 한 것이다. 147개의 상자는 무대 가장자리에서 무대장치로도 활용되었다. 처음에는 "궤짝 같다"며 반대했던 이들도 실제로 본 다음에는 역발상이라며 칭찬했다.

또, 가장 많은 반대와 칭찬을 받은 것이 개막식의 피날레였다. 지난 대회의 선수들은 입장식을 마치면 객석에서 관중들과 함께 개막식을 구경했다. 그것이 관례였다. 우리 연출단은 선수들이 구경꾼이 되는 관례를 깨고 싶었다. 그래서 무대 주위에 의자를 놓고 선수들을 앉게 하자고 했다. 집행부는 전통적으로 그런 일은 없었다며 강하게 반대했다. 우리도 강하게 고집했다. 선수들이 함께 참여하고 즐기는 새로운 축제의 모델을 시도해보자고 설득하고 또 설득했다. 결국 '광대들의 고집'이 더 셌다. 혹은 집행부에서 광대들을 믿어주었다.

우리가 상상한 개막식의 피날레는 마당놀이였다. 굳이 말을 만들자면 뮤지컬과 마당놀이를 융합한 '뮤지컬적 마당놀이'였다. 마당놀이는 무대와 객석의 구분이 없다. 처음 흥을 돋우는 것은 광대지만 마지막에는 광대는 슬쩍 뒤로 물러나서 사람과 사람이 함께 어울려 놀도록 만들어준다. 정돈된 느낌보다 어수선하고 떠들썩한 분위기가

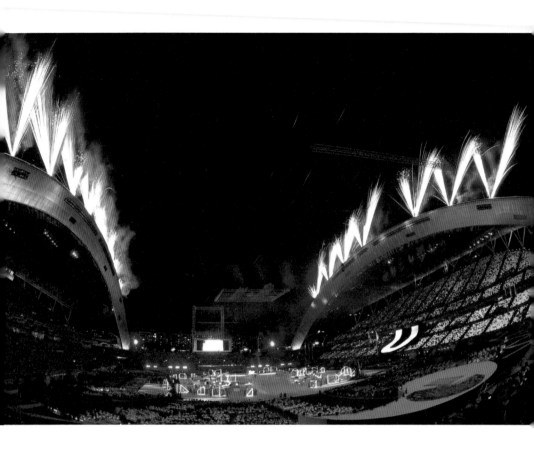

2015 광주 하계 유니버시아드 대회 개·폐막식은
대한민국 특유의 흥과 세계 젊은이들의 어울림, 생명 사랑의 메시지를
마당놀이와 뮤지컬이라는 형식을 통해 융복합적으로 담아냈다는 평가를 받았다.

필요했다. 그래서 일부러 의자를 선수단의 숫자보다 적게 준비했다. 잔디밭에 앉을 사람은 앉고 서서 볼 사람은 서서 보고 앉아서 볼 사람은 또 앉아서 보도록 한 것이다. 그리고 마지막은 국경의 구분 없이 서로 어깨를 걸고 강강술래를 놀도록 했다. 그야말로 우리의 문화로 강강술래를 통해 세계 젊은이들이 하나가 되는 광경을 빚어낸 것이다. 걱정스러워했던 집행부에서도 "우리 문화를 공유하는 게 아주 좋았다"고 평가했고 언론도 여기에 주목했다.

폐막식은 '광주의 빛을 나누는 시간'으로 대회기간 동안 보이지 않는 곳에서 땀 흘렸던 자원봉사자들과 대한민국 국민들과 세계 젊은이들이 함께 즐기는 시간으로 K-POP 가수들의 공연과 우리의 전통놀이가 함께 어우러진 특별한 공연이 펼쳐졌다.

행사는 무사히 끝났다. 애초 104억 원이었던 예산 중 101억 원을 썼다. 각 파트 수장들의, 그리고 함께 참여한 모든 분들의 아이디어와 노력이 만들어낸 성과다.

특별히 감사의 인사를 전할 분이 있다. 김황식 조직위원장과 윤장현 광주시장, 두 분이다. 김황식 위원장은 전문가니까 알아서 잘할 거라며 믿어주셨다. 통 큰 리더십으로 우리가 책임감과 사명감을 갖고 일하게 해주셨다. 회의가 끝난 뒤에 사주시던 막걸리도 참 달았다. 훌륭한 분과 함께 일할 수 있어서 영광이었다. 윤 시장님도 사소한 부분까지 걱정하는 공무원들에게 "행사는 전문가들에게 맡겨두고 우리는 잘할 수 있게 지원만 해주면 된다"고 하셨다. 이렇게 해두

시고 대회의 성공을 위해 뛰어다니시는 모습이 정말 감동적이었다.

대회가 성공적으로 끝난 후 대회 관계자 450명이 청와대에서 점심을 먹었다. 대통령께서는 한 편의 뮤지컬을 보는 듯한 개막식이었다고 하셨다. 나는 그 대답으로 예산이 적어서 나를 총감독으로 임명했던 것 같다고 웃으며 말했다. 나의 농담에 모두가 웃었지만, 농담만은 아니었다. 절박하게 창의력이 필요한 상황이었고, 그래서 좋은 평가를 받는 공연이 나올 수 있었다고 생각한다.

모두가 만족하지는 않았겠지만 전반적으로 호평이 많았다. 호평이든 악평이든 '새롭다, 의외다'라는 공통된 반응이었다. 그러니 미친 짓에는 성공했다는 자평을 해도 좋을 듯하다. 이렇게 큰 굿판에서 프로듀서라는 광대로 놀 수 있는 기회를 갖게 된 것에 감사한다.

세계적인 미디어 아티스트 이이남 작가는
전통예술과 뉴미디어아트의 만남을 완벽히 구현해냈다.

〈원스〉는 참 조심스러운 작품이었
다. 토니상 8개 부문 수상에다 마니아층이 형성되어 있는 영화를 원
작으로 한 작품이라 우리 신시를 포함해 대한민국의 거의 모든 컴퍼
니에서 욕심을 냈다.

　작품은 더할 나위 없이 좋았다. 〈고스트〉가 시각의 즐거움을 극대
화했다면 〈원스〉는 청각의 즐거움에 초점을 맞춘 작품이다. 일반적
인 뮤지컬의 화려함과는 거리가 멀다. 연극적인 스타일의 작품으로
현란한 조명도 없고 격렬한 춤도 없고 무대도 원 세트 개념이다. 없
는 것이 또 하나 있는데, 바로 오케스트라다. 대신 13명의 배우들이

2시간 30분 동안 직접 악기를 연주하면서 노래를 부른다. 배우들이 오케스트라인 셈이다. 그래서 〈원스〉에는 76개의 마이크 주파수를 사용했다. 어지간한 뮤지컬의 마이크 주파수는 35개 정도면 된다.

이렇게 미치도록 아름다운 작품을 만든 연출가는 스코틀랜드 출신의 연극 연출가 존 티파니다. 작품을 보기 전에 브로드웨이에서 오픈하면서 왜 뮤지컬을 한 번도 해보지 않은 연출가에게 맡겼을까 궁금했다. 그런데 작품을 보고 나니 작품을 꿰뚫어보는 프로듀서의 안목에 감탄하지 않을 수 없었다. 존 티파니는 연극 연출가이기에 가능한 무대를 만들어냈다. 프로듀서는 이 작품이 필요로 하는, 작품에 딱 맞는 연출가를 발탁한 것이다.

파격적인 형식, 연극적인 무대도 좋았지만 무엇보다 배우들이 직접 연주를 한다는 점이 가장 매력적이었다. 그리고 가장 매력적인 그것이 나를 조심스럽게 했다. 한 가지 이상의 악기를 능수능란하게 다루면서 연기와 춤과 노래가 가능한 배우들이 얼마나 있을까? 악기를 잘 다룬다고 해도 춤까지 추면서 연주해야 하니까 다른 작품에 비해 훨씬 더 길고 강도 높은 연습이 필요하다. 이런 문제에 대한 해결책을 모색하지 않고 시작했다면 '파격적인 졸작'이 나왔을 것이다.

오픈 1년여 전에 오디션을 진행하면서 얼마만큼 고생해야 하는지 알렸다. 오디션에 통과한 배우들은 10개월간 매주 두 번씩 모여 악기 트레이닝을 받았다. 공연 7주 전부터는 아침부터 저녁까지 매일 8시간씩 오리지널 크리에이티브 팀에게 강도 높은 트레이닝을 받았다.

그런 과정을 거쳐 주연 배우부터 앙상블까지 기대 이상의 무대를 보여주었다.

윤도현은 "외국 팀들하고 연습할 때부터 죽는 줄 알았다. 내가 이렇게 열심히 살았던 적이 있었나 싶더라"라고 했다. 무엇보다 평소 밤에 활동하고 낮에는 자는데 그 생활패턴을 바꾸기가 힘들었다고 한다. 그렇게 해서 연기력까지 인정받은 뮤지컬 배우 윤노현이 되있다.

전미도는 우리를 감쪽같이 속였다. 오디션에서 피아노를 잘 치기에 캐스팅했는데 실은 지정곡 두 곡만 외워서 온 거였고 악보를 읽을 줄도 모른다고 했다. 그런데도 독하게 연습해서 아빠에게 피아노를 배웠다는 극중 '걸'처럼 능청스럽게 연주를 잘해주었다. 박지연과 이창희에 대한 칭찬도 많았다. 두 사람은 〈고스트〉에서도 호흡을 맞췄는데 그 무렵부터 감성적인 코드가 뭔지 이해했다는 느낌을 주었다. 이제 어떤 작품을 해도 잘 소화할 수 있을 것 같다.

〈원스〉를 본 관객들의 반응은 호불호가 갈린다. 영화를 원작으로 해서 '이런 뮤지컬도 가능하구나'라는 호평과 '이게 뮤지컬이야, 소극장 연극이야?'라는 혹평. 새로운 뮤지컬을 원하는 관객은 좋아했고 기존의 화려한 뮤지컬을 기대한 관객은 실망했을 것이다. 기존 뮤지컬과는 다른 정서를 자극한다는 점에서, 기존의 틀을 깨는 새로운 형식의 뮤지컬이라는 점에서 최소한 절반은 성공했다고 평가해도 좋을 듯하다.

괴짜 기질의 발동과 그것을 무대에서 현실화시키는 것 사이의 거

〈원스〉에서 배우들은 2시간 30분 동안 직접 연주를 한다.
이토록 매력적인 작품을 만든 연출가는 스코틀랜드 출신의 존 티파니(위 사진의 왼쪽)다.

리는 꽤 멀다. 괴짜 기질을 만족시키는 작품은 제작과정에서 홍보까지 괴짜의 연장선에 있어야 한다. 이런 부분들을 해결하지 못하면 어설픈 괴짜가 되고 만다. 정말 새로운 스타일의 대본이 나왔다고 해도 그것을 무대에서 제대로 구현해내지 못하면 아무것도 아니다. 제작과정에서 어떤 어려움이 있을 것인지 예상하고 대비할 수 있어야 한다.

특히 라이선스 작품의 경우, 많은 프로듀서들이 완성된 작품을 보면서 흥행의 가능성을 점친다. 물론 그것도 중요하지만 작품을 완성해오면서 힘들었던 지점을 발견하는 것이 더 중요하다. 그래서 그들의 제작과정을 세심하게 들여다봐야 한다. 작품을 만들어오는 작업 과정을 이해했을 때 이 작품을 잘 만들 수 있을지 판단할 수 있기 때문이다. 분명 그들도 진행과정에서 중단을 거듭하면서 갈등도 있었을 것이다. 그걸 알아야 같은 과오를 범하지 않는다. 결과만을 놓고 판단해서는 안 된다. 작품을 만드는 처절한 과정을 보지 않고 겉치레만 봤을 때 실패할 확률이 높다.

연극 〈렛미인〉을 레플리카 방식으로 제작한 것은 그들의 처절한 과정과 우리의 처절함을 비교하고 공부해보고 싶었기 때문이다. 오리지널 스태프들을 참여시키려면 제작비의 규모가 달라진다. 대형 뮤지컬에서는 일반화되었지만 최대한 제작비를 아껴도 적자가 나기 일쑤인 연극에서는 엄두도 못 낼 시스템이다. 수익성 면에서는 망하기로 작정을 했기에 시작할 수 있었다.

내가 망하기로 결심한 시발점은 외로운 뱀파이어 소녀와 심약한 소년의 사랑을 말하던 존 티파니의 눈빛이었다. 그는 여전히 일라이와 오스카의 이야기에 미쳐 있었고 나에게도 동참할 것을 권했다. 수백 년을 살아온 소녀와 어린 소년의 정서적 교감을 기상천외하고 아름답게 그렸다는 데 마음이 끌렸다. 소재는 뱀파이어가 등장하는 판타지이지만 주제는 학교폭력과 가정에서의 소외, 그리고 사람들의 외로움이었다. 주제와 소재 모두 마음에 들었다. 더구나 존 티파니의 연출작품이었다. 소설을 원작으로 영화가 스코틀랜드에서 만들어졌고 할리우드에서 리메이크되었다. 이후 스코틀랜드 국립극단에서 영화를 원작으로 만든 연극이 호평을 받으면서 웨스트엔드와 브로드웨이로 진출했다. 작품성에서는 검증된 것이다.

그렇다면 어떻게 만들 것인가? 〈렛미인〉은 '무대의 상상력이란 이런 것이다'라고 말하는 작품이다. 무언가 환상적인 일이 일어날 것만 같은, 그냥 서 있는 것만으로도 외로워 보이는 자작나무 숲이 있다. 그 가운데 외로운 두 영혼이 교감할 작은 놀이기구가 있다. 배우들이 걸을 때마다 폴싹폴싹 일어나는 눈이 깔려 있고 오스카 방, 일라이의 방, 학교 등의 장소가 소도구들과 조명 하나로 나타났다 사라진다. 음악 역시 최고였다. 음악을 잘못 선택하면 오히려 드라마를 단절시킬 수 있는데, 더할 것도 뺄 것도 없이 상황에 딱 들어맞았다. 암전 없이 음악만으로 장면 전환을 하는 것도 좋았다. 이 모든 것을 그대로 한국의 무대로 옮겨오고 싶었다. 그래서 망할 줄 알면서 레플

리카 제작방식을 택한 것이다. 덤으로 공부도 할 수 있으니 일거양득
이다.

　조명, 음향, 무대, 음악, 조연출, 연출, 프로듀서 등 11명의 스태프
와 눈을 포함한 무대장치 전부를 '수입'했다. '국산'은 배우와 27그루
의 자작나무가 전부였다. 사실 둘레 30센티가 넘는 자작나무를 구하
는 데 상당히 애를 먹었나. 그 징도면 보통 30년 이상 자란 거라고 한
다. 강원도에 있는 자작나무 산을 찾고 그 주인을 찾아서 겨우겨우
구했다. 우리 스태프들은 자작나무 구하는 게 제일 힘들고 어려웠다
고 한다. 이렇게 하고 보니 9억 5,000만 원이라는 제작비가 들었다.
연극 한 편의 제작비로는 어마어마한 규모다.

　그래도 의도했던 두 가지는 충분히 얻었다. 무대, 음악, 조명은 원
작 그대로 구현되었고 배우들이 연기에 몰입할 수 있도록 하는 과학
적 배려도 배웠다. 예를 들어 일라이의 얼굴로 피가 흘러내리는 장면
이 있다. 가발 속에 심은 파이프줄에서 피가 흘러내리는데 눈썹 위
에 바세린을 발라서 눈으로는 한 방울도 들어가지 않도록 했다. 또
물 속에서 2분 동안 숨을 참아야 하는 배우를 위해 체계적인 훈련을
시켰다. 두 달 동안 스킨스쿠버 호흡 훈련을 받은 배우들은 2분 정도
는 가볍게 숨을 참았다. 그리고 물의 온도를 늘 29도로 유지하는 것
도 세심하고 놀라운 배려였다.

　〈렛미인〉은 배우들의 움직임이 중요한 연극이다. 영화의 특수효과
를 배우들의 몸으로 보여줘야 한다. 영화와 같을 수는 없지만 나무

를 기어오르고 놀이기구를 오르내리고 피를 흘리는 장면이 어설프게 보여서는 안 된다. 공연 1년 전에 오디션을 볼 때도 이 점을 중요하게 보았다.

망할 거라고 시작했는데 망하지 않았다. 거의 제작비에 이를 만큼 많은 관객이 찾아주었다. 한 달 조금 넘게 한 공연에서 이 정도면 정말 대성공이다. 나는 이 점에서 신시 기획팀을 칭찬하지 않을 수 없다. 신시 기획팀은 공연계 최강이고 보물과 같은 사람들로 뭉쳐 있다. 그들은 매 작품마다 '절박하고 절실하게' 일한다. 신시와 박명성을 위해서 일하는 게 아니다. 그들은 자신들의 꿈과 성취감을 위해 일하는 집단이다. 한 작품 한 작품 만들어갈 때마다 그들이 자랑스럽고 대견할 뿐이다.

작품의 힘과 신시 기획팀의 열정에 작품의 운까지 더해졌다. 오디션 때 존 티파니가 "저 배우다!" 하고 뽑을 때까지만 해도 박소담은 유명한 배우가 아니었다. 그런데 그 사이 영화 〈검은 사제들〉로 연기력을 인정받으면서 흥행에 도움이 되었다.

돈으로 상상하는 것은 아니지만 상상력을 실현하자면 어느 정도 돈이 든다. 연극으로는 많은 제작비를 감당할 수 없다고만 할 게 아니라 충분히 투자를 해서 새로운 경험을 선사하면 관객도 알아봐준다는 걸 단적으로 보여준 작품이었다. 그리고 '과학적 배려와 체계적인 처절함'을 배운 작품이기도 하다.

무대의 상상력이 무엇인지 보여주는 작품 〈렛미인〉.
이를 한국 무대에 그대로 구현하고 싶었기에
레플리카 제작방식을 택했다.

프로듀서는 | 겁나게 멋진 예술가다

　　　　　　　'연극이 좋다. 죽어도 여길 떠날 수
는 없다.' 그 뜨거운 열정만으로 버티기에 그 당시 연극판에는 내가
서 있을 자리가 없었다. 처음 떠밀리고 떠밀려 서게 된 자리가 프로
듀서였다. 말이 좋아 프로듀서지, 그 당시만 해도 극단 총무 역할이
었다. 작품을 기획하고 총괄하는 사람은 극단 대표였고, 그분들이
연출을 겸했다. 프로듀서라 불리던 총무들은 극단 가계부를 정리하
고 온갖 잡다한 일을 도맡아 해야 했다.

　나와 비슷한 시기에 같은 길을 선택한 사람들을 프로듀서 1세대라
한다. 우리는 각자의 방식으로 프로듀서의 개념을 만들어갔다. 나 같

은 경우에는 차츰 업무의 범위를 넓혀갔고, 그 방식이 다른 후배들과 컴퍼니에도 전파되기 시작했다. 그때부터 지금까지 프로듀서의 업무 범위와 개념은 끊임없이 변화, 발전해가고 있는 중이다.

우리가 몸으로 부딪히면서 개척하고 만들어온 것을 지금은 학교에서 예술경영이라는 이름으로 가르치고 있다. 프로듀서는 어떤 덕목을 갖춰야 하는지, 어떤 소양과 지혜가 필요한지 학문적으로 공부할 수 있는 체계가 갖춰진 것이다. 선배들이 현장에서 맨몸으로 배운 것을 후배들도 똑같은 방식으로 배워야 한다면 역사의 발전은 없다. 우리가 '미련하게' 배운 것들을 체계적이고 압축적으로 알려주는 것이 오늘날의 예술경영 교육이다. 당연한 결론이기는 한데 단점도 없지 않다.

모르긴 해도 내 경우에 비춰 짐작해보면 1세대 프로듀서 중 처음부터 이런 일을 할 거라고 생각한 사람은 없었다. 어떤 의미에서 나는 좌절한 예술가였다. 배우나 연출가처럼 예술가가 되고 싶었지만 재능이 없어서 되지 못한 좌절한 청춘이었다. 그럼에도 불구하고 무대를 완전히 버리지는 못한 청춘이었다. 그래서 나는 사업가보다는 '예술가적 프로듀서'에 가깝다. 이루지 못한 예술가의 꿈을 프로듀서라는 또 다른 방식의 예술로 이루고 있는 것이다.

안타깝게도, 프로듀서는 흥행을 위해 존재한다고 생각하는 사람이 더 많은 것 같다. 실제로 예술가적 프로듀서보다 장사꾼 프로듀서가 더 많다. 뮤지컬이 돈이 된다고 하니 너도 나도 뛰어든 것인데 사업의 개념으로만 접근하니 부작용이 만만치 않다. 할 말이야 많지만 작품의 질적 저하를 초래했다는 섬만 시작하고 넘어가자.

프로듀서는 사업가이니 흥행할 만한 작품을 선정하고 제작비를 대면 나머지는 연출과 배우, 스태프가 알아서 만드는 것일까? 진정한 프로듀서, 의식 있는 프로듀서라면 한 작품을 완성하는 여러 예술가 중에서도 가장 중요한 한 축을 담당해야 힌디. 그러니까 예술가적 프로듀서라는 나의 말은 잘못되었다. 프로듀서는 그 자체로 예술가다. 프로듀서인 내가 이해랑연극상을 받은 것이 그 증거다. 예술가들에게만 주던 상을 프로듀서가 받았다는 것은 프로듀서도 예술가로 인정한다는 선언이자 프로듀서도 예술가여야 한다는 요구다.

내 걱정은 학교에서 예술경영을 배우는 학생들이 예술이 아니라 경영에 방점을 찍지는 않을까 하는 것이다. 내가 이해랑연극상을 받았을 때 고선웅 연출은 이렇게 말했다. "이제 연극 제작자가 주목받아야 할 시대다. 작가·연출가보다 더 중요하다고 해도 전혀 지나치지 않다. 연극을 발생시키는 최초의 후견인이면서 발화점 아닌가." 조금 민망하지만 이 말에 백 번 동의한다. '최초의 발화점'인 프로듀서가 경영의 관점으로 연극을 본다면 이후의 상황은 뻔하다. 연출과 배우들도 경영의 틀 안에서 움직이게 된다. 무대예술은 없고 무대경영만 남게 된다.

시대의 흐름보다 한발 앞서 나가라

우리나라 사람들은 유행에 민감하다. 유행하는 옷 한 벌쯤은 가지고 있어야 하고 흥행하는 영화라면 일단은 봐둬야 한다. 방송에 나온 음식점은 맛이 있어서 줄을 서는 건지 거기서 먹었다고 자랑하기 위해 줄을 서는 건지 의심스러울 지경이다. 유행에 뒤떨어지면 안 된다는 불안감도 일정 부분 작용하는 것 같다. 이렇게 유행에 민감한 관객들을 불러들이려면 작품을 선정할 때도 유행을 최우선으로 고려해야 하지 않을까라고 생각하기 쉽다. 대학로에서 압도적 다수를 차지하는 로맨틱 코미디를 생각해보라. 이른바 '로코'가 대학로의 유행인 것만은 확실해 보인다.

여기서 주목하고 싶은 작품이 있다. 바로 〈김종욱 찾기〉. 내가 아끼고 좋아하는 작가 장유정이 쓰고 연출한 작품이다. 2006년 제12회 한국뮤지컬대상에서 여우주연상과 인기스타상을, 2007년 제1회 더 뮤지컬 어워즈에서 작사/극본상, 남우조연상, 남우인기상, 연우인기상 등을 수상한 뮤지컬이다. 뮤지컬의 인기에 힘입어 영화도 제작되었고 소설로도 나왔다.

첫사랑이라…. 누군들 풋내 나고 아릿한 첫사랑을 해보지 않았을까. 누군들 한 번쯤은 밤잠을 설치게 했던 그녀 혹은 그를 찾아보고 싶지 않았을까. 첫사랑은 닳고닳은 소재이면서 인류가 존재하는 한 모든 예술 작품의 소재가 될 화수분이다. 〈김종욱 찾기〉가 여타 첫사랑 작품들과 다른 점이라면 우연한 만남이 아니라 '주식회사'의 힘을 빌려 적극적으로 찾는다는 것이다.

이 작품을 초연 때 본 이후 8년 만에 다시 보았다. 공연을 보는 내내 '요즘에도 저런 만남이나 이별이 존재할까?'라는 질문이 떠나지 않았다. 당시의 풍속을 잘 잡아낸, 혹은 젊은 사람들이 원하는 만남과 이별을 잘 그려냈던 작품이었는데 8년이 지난 지금은 진부한 사랑 이야기가 되어버렸다. 말을 숨길 줄 모르는 나는 내 생각을 그대로 장유정 작가에게 전했다. 이 시대의 트렌드에 맞게, 지금 관객의 입맛에 맞게 재구성할 필요가 있겠다, 요즘 어떻게 이런 사랑을 하느냐, 뻔한 이야기를 너무 시간을 질질 끌고 있다, 10분 정도 줄여도 되겠다, 지금 젊은이들이 쓰는 언어, 젊은이들이 만나는 공간으로 옮

겨울 필요가 있겠다…. 장유정 작가도 공감한다고 했다.

로코는 지금 이 시대의 사랑을 코믹하게, 때로는 애잔하게 다룬다. 그런데 '지금 이 시대의 사랑 이야기'는 너무나 빨리 변하고 있다. 새로운 유행어가 생겼다가 없어지고 라디오에서 하루에 몇 번씩 틀어주던 노래가 사라진다. 1년 전의 유행어, 1년 전의 노래로는 로코에서 요구되는 정서를 만들 수가 없다. 무대를 구성하는 모든 요소가 반짝반짝 빛나야 하는데 1년만 지나도 구닥다리 냄새가 난다.

반짝반짝하는 유행을 잘 버무려 넣기만 하면 되는 것일까? 지금 대학로에는 반짝반짝의 퍼레이드만 있고 기승전결이 없는 로코가 숱하게 있다. 대부분 그렇지 않을까 싶은 걱정도 있다. 〈김종욱 찾기〉는 그저 그런 로코들 사이에서 잘 만들어진 작품'이었고', 곧 다시 잘 버려진 작품으로 재탄생되리라 기대한다.

다양성은 문화의 기본이다. 인류의 연극사에서 한 번도 다루지 않은 소재라도 좋고 수만 번 써먹었던 소재라도 좋다. 로맨틱 코미디 역시 얼마든지 만들어도 좋다. 로맨틱 코미디의 소재 자체를 문제 삼고 싶은 생각은 추호도 없다. 관건은 언제나 작품성이다.

'연극이 뭐 별거냐? 보는 동안 관객을 웃기고 울리면 그것으로 충분하지 않느냐?'고 한다면 더 이상 할 말은 없다. 실제로 이렇게 생각하는 사람들이 많은 것 같기도 하다. 연극판 개그콘서트 같은 것들이 너무 많다. 그들에게 내 이야기는 머나먼 별나라 이야기로 들릴 것이고 힘들여 설득하고 싶은 마음도 없다. 나는 예술가로 살고

인류의 연극사에서 한 번도 다루지 않은 소재라도 좋고
수만 번 써먹었던 소재라도 좋다. 관건은 언제나 작품성이다.
(뮤지컬 〈고스트〉의 한 장면)

싶은 프로듀서 지망생들에게 도움이 되고 싶다. 이 책은 그들에게 건네는 조언이다.

어떤 소재를 선택하든 어떤 형식의 무대를 꿈꾸든 먼저 질문을 해봐야 한다. 시대에 던지는 질문은 예술가의 책무 중 하나다. 로코도 예외가 아니다. 관객들이 첫사랑을 소재로 한 연극을 본 이후 자신의 첫사랑에 대한 느낌이나 생각에 어떤 변화도 없다면 무대의 낭비다. 그러니 프로듀서 스스로 첫사랑에 대한 익숙한 정서와 생각에 질문을 던지고 그런 질문을 던진 작품을 찾아야 한다. 그러자면 작품을 쓰는 작가도, 연출가도, 프로듀서도 그 당시에는 첫사랑이 자신의 화두여야 한다. 그래야만 첫사랑에 대한 새로운 해석을 할 수 있기 때문이다. 내가 속상한 부분이 바로 이것이다. 대학로의 그 많은 젊은 예술가들이 비슷한 질문을 던지고 있다. 그 많은 사람이 사랑이라는 주제에 탐닉하면서 풀어내는 형식도 코미디를 선택하고 있다. 시류에 영합하지 않고서는 일어날 수 없는 일이다.

대부분의 상품은 시대의 흐름을 정확하게 반영하기만 해도 성공할 수 있다. 하지만 문화상품은 다르다. 시대의 흐름을 정확하게 읽되 거기서 한발 더 나아가야 한다. 시대의 흐름이 의미하는 바를 통찰하고 그것을 관객들에게 보여주는 작품을 해야 한다. 어려운 일이고 나 역시 완벽하게 해내고 있지 못하다. 늘 말해왔듯이, 완성된 프로듀서는 없다. 누구든 완성해나가는 과정에 있을 뿐이다. 시대에 대한 질문은 그 과정을 한발 한발 내딛게 하는 힘이다.

관객에게 │ 질문을 던져라

　　　　　　　　삼각관계는 긴장감을 주기에 용이한 구도다. 그래서인지 오래전부터 반복, 또 반복되어왔다. 현실 세계에서도 얼마든지 겪을 수 있는 일이다. 특별히 연애사가 꼬이는 운명을 타고나지 않더라도 본인이 삼각 중 하나의 각이 되었다는 이야기는 종종 듣는 경험담이다. 자신의 경험이라면 먼 훗날 소주 한 잔 마시면서 따뜻하고 아련하게 기억할 수도 있다. 그러거나 말거나 타인의 삼각관계는 진부한 스토리일 뿐이다. 그것이 연극의 스토리라면 더더욱 진부하다. 친구의 이야기라면 우정을 위해 들어줄 수도 있지만 돈을 내고 들으러 와줄 까닭은 없다.

뮤지컬 〈아이다〉에서 라다메스는 암네리스 공주와 결혼하게 되어 있다. 물론 아버지들의 이익을 위한 정략결혼이다. 암네리스는 라다메스를 사랑하지만 라다메스는 사랑 따위에는 관심도 없는 전쟁영웅이다. 그에게 결혼은 총독의 아들이자 사령관으로서 치러야 하는 행사에 불과하다. 그런 그에게 노예 신분의 아이다가 나타난다. 관심은 가지만 그것이 사랑의 징조임을 알지 못하는 라다메스는 장차 결혼할 여인에게 아이다를 선물로 보낸다. 잘나가는 사령관이 공주를 사랑하고 결혼하는 스토리는 재미가 없다. 극복하기 어려운 제약이 있음에도 '불구하고' 사랑해야 극적인 스토리가 만들어진다.

노예를 사랑하는 사령관, 사령관을 짝사랑하는 공주, 사령관에게 조금씩 마음을 열어가는 노예, 그리고 친구 사이가 되어버린 공주와 노예. 조금만 바꿔보면 이렇게 된다. 가난한 집안에서 태어난 인턴 여직원과 그를 사랑하게 되어버린 능력 출중한 본부장, 그리고 부모가 시키면 사랑도 시작할 수 있는 대기업 회장의 무남독녀 외동딸. 놀랍게도 외동딸과 인턴 여직원은 초등학교 동창. 이쯤되면 요즘 흔히 나오는 드라마의 기본 설정이 완료된다. 한 남자를 두 명의 여인이 동시에 사랑한다, 혹은 한 여자를 두 명의 남자가 사랑한다는 설정은 셀 수 없이 많다. 그런데 뮤지컬 〈아이다〉를 본 후 흔해빠진 삼각관계라고 말한 사람은 없었다. 그들의 '진부한' 사랑이 지배국과 피지배국이라는 상황에 놓여 있기 때문이다.

비극이 예견된 사랑을 하는 세 남녀. 이와 비슷한 이야기가 있다.

사실주의 희곡의 교과서이자 한국 희곡의 최고봉이라고 불리는 차범석 선생의 〈산불〉이다. 1962년 작품으로 한국전쟁 중의 어느 두메 산골이 무대다. 흙이나 파먹고 살았을 마을의 남자들은 국군이나 인민군으로 끌려가 어느 전장에서 서로에게 총구를 겨누고 있을지 모른다. 여자들만 남은 마을에는 낮에는 국군이, 밤에는 공비가 나타나 들어본 적도 없는 이데올로기를 강요한다. 농사와 삶에서 품앗이 해가면서 소소한 질투, 사소한 다툼이나 벌이고 살았을 이웃들은 생존을 놓고 갈등을 벌이게 된다. 그리고 한 남자와 그를 사랑하는 두 여자. 전쟁이 아니었다면 그러다 말았을 삼각관계가 비극으로 결론을 맺는다.

〈아이다〉는 먼 나라의 먼 옛날이야기이고 〈산불〉은 우리 땅에서 불과 몇 십 년 전에 일어났던 일이다. 하지만 전하고자 하는 메시지는 동일하다. 글쎄, 사람에 따라 〈아이다〉에서는 시대를 초월하는 사랑의 위대함을, 〈산불〉에서는 두 여자의 치정을 발견하기도 할 테지만 내가 보는 메시지는 다르다. 흔해빠진 일상, 치기어린 괴로움도 전쟁 중에는 비극이 된다. 떨어져서는 죽고 못 사는, 여러분도 한 번쯤은 겪었을 연인의 일상도 전쟁 중에는 비극이 된다. 손 한 번 잡기 위해, 키스 한 번 하기 위해 목숨을 걸어야 한다.

'아이다, 라다메스, 암네리스 그리고 규복, 점례, 사월이 평화로운 어떤 시대에 살았더라면 어땠을까?' 내가 관객에게 던진 질문은 이것이었다. 많은 관객들이 그들의 이야기를 보면서 안타까워했던 이유가

연인의 일상도 전쟁 중에는 비극이 된다.
관객이 연극 〈산불〉을 보면서 안타까워했던 이유가 여기에 있다.

여기에 있다.

어떤 이야기는 시대 배경은 현재인데도 전혀 공감을 일으키지 못한다. 또 어떤 이야기는 천 년 전의 이야기, 혹은 천 년 후의 이야기인데도 공감을 얻는다. 너무 당연한 말이라 맥 빠지기도 하지만 과거를 통해 현재를 이야기하기 때문이다. 역사적 인물에 대한, 역사적 사건에 대한 새로운 해석이 계속해서 나오는 것도 현재가 달라졌기 때문이다.

무슨 이야기를 하든, 무엇을 소재로 삼든 현재를 말해야 한다. 현재에 대한 질문을 관객에게 던짐으로써 미래를 말해야 한다. 시대의 흐름 읽기는 끝이 아니라 질문을 던지기 위한 전제 조건이다. '겨우' 시작이라는 말이다.

지금 이 시대라는 | 무대를 읽어라

　　　　　　　　　　올해도 '또 일 저질렀네'라는 걱정
을 숱하게 듣게 한 뮤지컬이 있다. 바로 〈아리랑〉이다. 최초의 꿈은
〈아이다〉 초연 때부터 시작되었다. 〈아이다〉를 보면서 먼 옛날, 먼
나라의 이야기가 아니라고 생각했다. 우리에게도 저런 역사가 있었
다. 노예로 끌려와 꿈도 미래도 없이 처절한 삶을 사는 누비아 사람
들의 아리아를 보면서 우리의 할아버지, 할머니들이 불렀을 아리랑
이 떠올랐다. 돈을 벌 수 있다는 말에 이름도 들어본 적 없던 하와
이, 멕시코로 향하는 배를 탔던 사람들이 있다. 우리가 선조들이라
고 부르는 그들도 그때는 젊었다. 지금은 우리 조상들이라는 무미건

조한 이름으로 불리고 있지만 누군가의 아들, 누군가의 동생, 누군가의 연인이었을 사람들의 이야기가 떠올랐다.

뮤지컬에서 다 담지 못했지만 소설 『아리랑』은 일제 침략부터 해방기까지 우리 민족의 끈질긴 생존과 투쟁, 이민사를 다루고 있다. 우리는 지금 대한민국에 살고 있지만 소설의 시제는 그 전이다. 가장 가까운 것이 70년 전의 과거이고 100년을 훌쩍 뛰어넘는 이야기도 있다. 케케묵은 옛날에 있었던 억울하고 슬픈 이야기일 뿐일까? 과거는 과거일 뿐이고 식민지 시대의 역사는 일본의 사과를 받아내기 위해서만 필요한 것일까?

해방 이후 대한민국은 눈부신 성장을 해왔지만 엄밀하게 말해 아직까지 일제강점기를 완전하게 극복하지 못했다. 해방과 함께 찾아온 남북분단이 지금껏 이어지고 있기 때문이다. 우리는 아직까지 온전한 독립을 하지 못하고 있는 것이다. 광복 70주년을 앞두고 우리의 아픈 과거를 한 번은 매듭지어야 그 기반 위에서 미래의 꿈과 희망을 펼쳐나갈 수 있을 거라고 생각했다. 그래서 우리의 역사 그 자체인 아리랑을 선택했다. 뮤지컬 〈아리랑〉에는 아리랑의 다양한 변주를 포함한 50여 곡의 음악이 사용되었는데 "관객들이 뮤지컬을 통해 자기 안에 아리랑이 있음을 발견하는 감격을 맛볼 것"이라고 한 연출가 고선웅의 말은 사실이 되었다.

일제강점기와 아리랑은 남북이 공유할 수 있는 역사와 문화다. 남북의 문제를 정치, 경제, 문화로 분류할 수 있다면 가장 어렵고 긴 시간이 걸리는 것이 문화다. 그러나 가장 쉽게 접근할 수 있는 부분 역시 문화다. 남북이 서로 공감할 수 있는 문화 콘텐츠를 공동으로 개발해 문화적으로 먼저 교류할 수 있다면 그 중심은 단연 아리랑이다.

아리랑은 우리 민족의 원초적인 정서가 질펀하게 녹아 있는 대표적인 민요다. 400가지가 넘는 노랫말 속에는 우리 민족의 삶과 희로애락이 고스란히 투영되어 있다. 우리 민족은 아리랑을 부르며 슬픔과 고통을 이겨냈고 일제강점기에는 독립군이 '독립군 아리랑'을 부르면서 제국주의에 저항하기도 했다.

아리랑은 개인성과 집단성을 동시에 갖고 있다. 그래서 이별과 아픔과 한탄을 뛰어넘어 끈기, 의지, 생명력, 희망이 되었다. 우리 민족의 마음속에는 아리랑의 창조적 유전인자가 살아 있는 것이다. 조정래 선생도 "우리 역사는 지울 수도 없고 지워서도 안 된다. 식민 지배를 극복하고 살아냈던 것이 바로 우리 민족 정체성의 뿌리이고 핵심이다"라고 말씀하신 바 있다.

뮤지컬 한 편 만들면서 너무 거창한 해석을 한다고 여길 수도 있겠다. 그러나 우리 자신을 포함해 우리가 만드는 모든 무대는 '지금 이 시대'라는 더 큰 무대 위에서만 존재할 수 있다. 우리의 관객들 역시 '지금 이 시대'라는 무대 위에서 새로운 무대를 만들어가고 있다. 프로듀서도 예외일 수 없다. 문화 콘텐츠는 사회가 안고 있는 문제에 대해 질문을 던지지만 해답을 주지는 않는다. 올바른 질문이기만 하다면 그것만으로 충분하다. 관객들이 그 필요하고도 올바른 질문을

조정래 선생은 "식민 지배를 극복하고 살아냈던 것이
바로 우리 민족 정체성의 뿌리이고 핵심이다"라고 말씀하셨다.
〈아리랑〉에서 던진 거대한 질문을 관객들이 들었기를 바란다.

'대하 뮤지컬' 〈아리랑〉에서 들었기를 바란다.

2012년에 올린 연극 〈니 부모 얼굴이 보고 싶다〉 역시 우리 사회에 던지는 질문이었다. 연극은 학교 내 집단 따돌림과 그로 인한 학생의 죽음을 다루고 있다. 정말 섬뜩하게도, 우리 사회에서 청소년의 자살은 너무 익숙하다. 너무 익숙해서 이제는 신문에서조차 잘 다루지 않는다. 그래도 괜찮은가? 우리는 지금 청소년 사망원인 1위가 자살인 나라에 살고 있다. 그래도 괜찮은가? 연극 한 편이 던지는 질문이 청소년의 자살 문제를 해결하지는 못한다. 그런 환경을 만든 우리 사회를 바꾸지도 못한다. 그러나 한 사람의 생각과 행동을 바꿀 수는 있다. 그의 생각을 바꿈으로써 행동이 바뀌게 할 수 있다. 이것이 세상을 변화시키는 힘이라고 나는 믿는다.

나는 오래전부터 학생들에게 제발 신문 좀 읽으라고 말해왔다. 나는 신문을 볼 때 늘 뒤에서부터 본다. 사설을 먼저 보는 것인데, 거기에는 이 시대의 핵심 이슈들이 거론된다. 또는 우리가 관심을 가져야 할 어떤 문제에 대한 통찰이 담겨 있기도 하다. 관객들에게 깊은 질문을 던지려면 사회에 대한 누적된 관심이 필요하다. 그런데 절대다수의 학생들이 매체를 통해 흡수하는 정보는 연예인들의 가십이다. 세상 사람들에게 말을 걸려고 하면서, 그 사람들에게 질문을 하려고 하면서 세상에는 관심이 없다. 심각한 내용의 기사는 머리만 아프고 취업 공부하는 데 방해가 된다고 생각하는 것일까? 타인의 슬픔, 타인의 분노에 공감하지 못하면서 어떻게 그들의 정서를 자극하는 무대를 만들 수 있겠는가. 같은 시대를 사는 사람들에게 관심을 가지지 않으면서 어떻게 그들의 슬픔을 위로할 수 있겠는가 말이다.

뮤지컬 〈아리랑〉의 꿈은
〈아이다〉의 감동적인 앙상블 장면으로부터 시작되었다.

Chapter 4

사람
: 사람에 의해 만들어진다

현
장
에

답
이

있
다

　　　　　　　　　연극에 입문한 후 다방면에서 참
많은 경험을 했다. 배우 지망생 신분으로 소극장과 극단 사무실을
청소했고, 선배들의 옷을 빨았고, 함께 먹을 라면을 끓였다. 데뷔를
한 이후에는 조연과 앙상블로 출연했다. 연기가 젬병이어서 조연출이
되었다. 당시 조연출은 연출과 연기 빼놓고는 다 할 줄 알아야 했다.
한마디로 '전천후 인간'인 셈인데, 조연출 시기에 나는 조그만 소극장
이지만 음향기사, 조명기사, 무대감독 등을 다 해봤다. 혼자서 이 세
가지를 다 할 때도 많았는데 당시 조연출은 다 그랬다.
　　세계잼버리대회 개·폐회식과 잠실종합운동장에서 개최된 한 대기

업 체육대회에서 무대감독도 해봤다. 뮤지컬의 무대감독과 조연출도 해봤고, 세종문화회관 대극장에서 공연된 작품의 조연출을 하기도 했다. 소극장에서 대극장까지, 뮤지컬에서 각종 이벤트 행사까지 안 해본 거 없이 다 해봤다고 해도 과언이 아니다. 되짚어보니 오케스트라와 주연을 빼고는 거의 다 해본 셈이다.

이런 경험들을 한 후에 프로듀서가 되고 보니 일하는 데 수월함이 많았다. 협력사들의 생리와 작업 환경을 속속들이 꿰고 있기 때문에 공존할 수 있는 적정 수준을 안다. 선수들끼리는 몇 마디 나눠보면 서로를 알아본다. 슬쩍 떠보고 그럴 필요 없이 곧바로 실무로 들어갈 수 있고 말도 잘 통한다.

그리고 어떤 시점에 그들에게 무엇이 필요한지 알 수 있다. 기술 스태프는 어느 시점에 어떤 부분 때문에 힘든지 알고, 앙상블의 마음고생이 무엇인지 안다. 각 과정에서 지금 핵심적으로 필요한 것을 간파하는 능력이 생긴 것이다. 이것이 처음부터 프로듀서가 된 사람들에 비해 내가 유리한 지점이 아닌가 생각한다. 연극을 만들고 뮤지컬을 만드는 작업은 제품을 생산하듯이 기계로 찍어내는 게 아니라 사람들이 만나서 현장에서 실시간으로 만들어가는 작업이다. 프로듀서가 현장의 미세한 기류 변화를 잘 읽고 조화를 이루어내면 미흡했던 부분들이 완성되어간다. 프로듀서가 이 부분을 간과하면 완성되었던 것도 무너진다.

경험이 없으면 현장을 읽을 수 없고, 그러면 현장의 사람들을 하나로 통합하기 어렵다. 조연출로서 오래 기간 수련을 거친 연출가의 내공이 다르듯, 프로듀서가 되려는 사람도 다양한 경험을 해봤으면 좋겠다. 빨리 프로듀서가 되는 것도 좋겠지만, 그보다는 경험을 쌓아 가면서 현장을 읽는 안목, 현장에서 일하는 사람들의 정서를 읽을 수 있는 힘을 키우는 것이 더 좋겠다.

투자받는 능력만 있어도 된다면 프로듀서는 참 매력 없는 직업이다. 나머지는 예술가들이 알아서 하라고 하고 나중에 손익계산만 하는 프로듀서는 참 재미없을 것 같다. 투자받을 수 있어서, 혹은 돈이 있어서 프로듀서가 되는 거라면 굳이 프로듀서가 존재해야 할 이유가 없다. 꿈을 꾸고, 함께 꿈꿀 사람들을 모으고, 그들의 마음을 헤아려주면서 프로듀서의 꿈을 모두의 꿈으로 바꿀 수 있는 앙상블을 이루어내는 것, 그리고 함께 다음 작품을 꿈꾸는 것, 나는 그것이 프로듀서가 존재하는 의미라고 생각한다.

잔소리 하나를 덧붙이자면, 비즈니스를 할 때는 항상 을의 입장에서 살아야 한다. 그러면 상대방의 의견을 듣게 되고 이해하게 된다. 프로듀서로서뿐만 아니라 인생살이도 편해지는 길이다.

정
서
를

통
합
하
는

일
의

어
려
움

　　　　　　　　배우 중 누구라도 좋고 오케스트
라 중 누구여도 된다. 공연에 관계된 사람이라면 누구라도 가능하
다. 어떤 이유에서든 앙심을 품는다면 최악의 공연을 만들 수 있다.
의도적으로 대사를 잊어버린다거나 음을 틀리게 연주한다거나 조명
을 켜지 않는다거나 주연 배우의 옷을 거꾸로 입혀버린다거나…. 무
대예술에서 NG란 없다. 실수는 그 자체로 공연의 수준이 된다.
　　반대로 연출을 포함한 그 누구도 혼자서는 멋진 무대를 만들 수
없다. 제아무리 뛰어난 사람이라도 안 된다. 지구상에 나타난 적이
없던 걸출한 배우가 모노드라마를 한다고 해도 스태프가 있어야 무

대에 설 수 있다. 최악의 무대는 한 사람의 힘으로도 가능하고 최고의 무대는 모두의 힘이 합쳐져야 가능하다.

앙심을 품고 의도적으로 실수를 한 경우는 내가 알기로 없다. 그러나 최선을 다하지 않을 수는 있다. 구성원 각자의 베스트가 앙상블을 이뤄내야 최고의 무대가 만들어진다. 모두들 프로니까 알아서 베스트를 만들어야 한다는 말에 동의하지 않을 재간은 없다. 그러나 프로도 사람이고 감정이 있다. 더구나 배우뿐 아니라 공연계에 종사하는 사람들은 감성이 풍부한 사람들이다. 그들은 개성이 강하고 독창적이지만 동시에 모나고 튀는 사람들이다. 좋게 말하면 기분파이고, 나쁘게 말하면 사이코다. 이런 사람들을 한 덩어리로 모으고 융합해야만 멋진 공연이 나온다. 그 일을 잘 해내는 것이 프로듀서의 일이고, 그 마음들을 하나로 잘 묶었을 때 실력 있는 프로듀서라고 평가할 수 있다.

각기 다른 사람들의 정서를 하나로 통합하는 친구 역할을 하는 것이 공연예술이다. 배우와 관객이 친구가 될 수 있고, 관습과 문화가 달라도 공연장 안에서는 다 친구가 되고 교감하는 곳이 극장이라는 공간이다. 그런데 무대를 만드는 사람들부터 그게 되지 않으면 관객에게는 어림도 없다.

실천이 어려워서 그렇지 말은 언제나 쉽다. 그들의 마음을 읽어줘야 한다는 것, 그들 각자의 존재 가치를 인정해주고 단 한 사람도 그 공연에서 마음이 떠나지 않게 하는 것, 쉽지 않은 일이다.

나도 진땀나는 경험을 꽤 해봤다. 지금보다 훨씬 어렸을 때는 연출이나 주연급 배우들은 나보다 나이가 많은 선배들이었다. 그런 분들이 갈등을 일으키면 새우등은 속절없이 터져나갔다. 갈등의 원인은 다양하다. 술자리에서의 사소한 말실수가 원인이 되기도 하고, 작품에 대한 해석의 차이가 갈등을 유발하기도 한다. 어떻게든 해결을 해야 작품이 제대로 가는데 나이 많은 사람들을 어린 내가 타이를 수도 없고, 여기서는 선생님이 옳습니다 하고 저기 가서는 또 선배님이 옳습니다 할 수도 없었다. 그때도 제대로 해결하지 못했던 것 같은데, 지금 생각해봐도 명쾌한 방법은 없다. 그저 열심히 양쪽 다 쫓아다니면서 "우리가 작품은 성공시켜야 하지 않겠습니까. 서로 양보하고 존중하면서 한 번 해보십시다"라면서 작품을 이야기하는 수밖에 없었다. 그런 갈등으로 작품이 망가진 적은 없지만 그런 일이 발생하면 정말 곤혹스러웠다. 주변의 증언에 따르면 그들 사이에서 안절부절못하는 내가 불쌍해서 못 봐줄 정도였다고 한다.

일단 갈등이 생기면 누구라도 해결하기가 쉽지 않다. 그러니 미리미리 예방하는 게 최선이다. 우선 간단한 예방약(?)으로 김호영이라는 배우를 소개한다. 〈아이다〉 초연과 재공연에서 메렙 역을 맡았던 친구다. 초연에서 그는 자기 역할을 충실히 소화했다. 그런데 재공연을 위한 오디션에서는 탈락할 뻔했다. 연기와 노래에서는 메렙 역을 하기에 부족함이 없었다. 그런데 그와 비슷한 실력을 가진 신인이 나타났다. 더구나 그 신인은 부모에게서 물려받은 이미지가 딱 메렙이었다. 오리지널 팀에서는 그 신인에게 기회를 주는 쪽으로 기울고 있었다.

그러나 오리지널 팀은 모르는 김호영의 능력이 있었다. 물량 투자가 많은 〈아이다〉는 늘 장기공연을 해야 한다. 재공연 때도 120회의 공연이 잡혀 있었다. 연습기간까지 포함하면 6개월이다. 배우들은 그 시간 동안 지하 공간에서 살다시피 한다. 짜증나고 지치기 쉽다. 짜증이 나면 배우들 사이에 갈등이 생기고, 지치면 좋은 연기가 나오지 않는다. 감수성을 다치기 쉬운 환경에서 김호영은 단비 같은 존재다. 그는 초연 때 주변을 즐겁게 하는 데 탁월한 능력을 보여주었다.

사업적인 관점에서만 보면 연출과 배우, 스태프 모두 프로듀서가 고용하는 사람들이다. 실제로 그들을 선택할 때까지 프로듀서가 막강한 권한을 행사하기도 한다. 작품 해석에 맞고 목표치에 맞는 사람들을 고를 수 있다. 그렇다고 갑과 을의 관계는 아니다. 칼자루는 프로듀서가 아니라 그들 각자가 쥐고 있다. 연출이라고 해서 배우들에게 갑인 것은 아니다. 여전히 칼자루는 배우들이 쥐고 있다.

지금도 자신이 갑이라고 생각하는 프로듀서가 있고, 무조건 자신의 해석에 따라야 한다고 주장하는 연출이 있다. 과거에는 그랬다. 연출의 작품 해석이 무조건 맞고, 선배의 인물 해석이 정답이었다. 나도 그렇게 생각하던 후배 중 하나였다. 아직도 그렇게 생각하는 연출가가 있고, 젊은 사람 중에도 권위주의적인 사람이 많다. 그런데 내가 중견쯤 되고 보니 모든 분위기는 항상 자유로워야 한다는 것이

지론이 되었다. 과거처럼 권위로 누르고 경험으로 누르면 안 된다. 자유로움 속에서 창의력이 나오고, 무한한 상상력이 발휘된다. 신입 스태프의 이야기라도 귀담아 들으면 좋은 아이디어가 될 수 있다. 누구의 말도 옳을 수 있다는 분위기가 되어야 각자 자신이 가진 상상력의 최대치를 발현할 수 있다.

모든 분위기는 자유로워야 한다.
자유로움 속에서 창의력이 나오고 무한한 상상력이 발휘된다.

(연극 〈33개의 변주곡〉의 장면들)

배우 기용에도 | 원칙이 필요하다

　　　　　한 무대에 선 배우들은 서로 경쟁
한다. 주연과 주연이 경쟁하고 앙상블과 앙상블이, 앙상블과 주연이
서로 경쟁한다. 더블 캐스트라면 말할 것도 없다. 그것은 전쟁이자
고행이다. 관객의 박수로 먹고살고, 관객의 환호를 즐기면서 사는 배
우들이다. 그들은 더 많은 박수와 환호를 받고자 하며, 그 무대에서
누구보다도 주목받고 싶어 한다. 경쟁심이 생기는 것 자체를 탓할 수
는 없다. 앙상블이라면 주연 배우와 경쟁해야 더 많이 발전한다. 주
연끼리의 경쟁은 작품의 질을 높인다. 멋진 경쟁이라는 전제 하에서
보자면 그렇다는 것이다.

내가 본 멋진 경쟁 중 하나는 이건명과 이석준이었다. 〈아이다〉에서 라다메스 역에 더블 캐스팅된 두 사람이 서로를 의식하고 있음은 누가 봐도 알 정도였다. 서로 상대보다 더 멋진 라다메스가 되기 위해 열정을 불살랐다. 감성의 전쟁. 그 자리에 있었다면 누구나 느껴지는, 그러나 말로는 설명하기 어려운 전쟁이었다. 그 정도의 경쟁심이라면 연습이 끝난 후에는 뒤도 돌아보지 않고 갈 것 같은데 그들은 그러지 않았다. 그들은 대학교 동창으로 제일 친한 친구 사이다. 그날의 전쟁이 끝나면 그들은 같이 차를 마시고 맥주를 마셨다. 그런 게 참 예뻐 보였다.

다른 방식의, 삼류 같은 경쟁심의 표현도 있다. 상대 배우보다 돋보이기 위해 연습했던 것보다 과한 표현을 하거나 다른 동작을 하는 배우가 있다. 다 그런 것은 아닌데 자신이 나왔던 광고의 멘트를 한다거나 뜬금없는 애드리브를 넣는 대중 스타가 있다. 그렇게 보기 드문 사례는 아니다. 정통 뮤지컬 배우보다는 다른 분야에서 스타가 된 사람들인 경우가 많다. 배우라는 이름을 붙이기도 싫은 삼류들인데, 물론 우리 작품에서는 그런 일이 없었다.

널리 소문을 내주기를 바라는 마음에서 한 마디 덧붙이면, 옛날에는 분장실에서 따귀를 맞았을 행동이다. 나야 애드리브를 할 주제도 못 되는 배우였지만, 분장실에서 찰진 따귀가 올라가는 걸 본 적은 있다. 그때는 선배들이 아무리 사소한 것이라도 약속을 깨는 행동을 용납하지 않았다.

연습을 하는 이유는 두 가지다. 각 개인의 역량을 최대치로 키우는 것, 그리고 그렇게 키운 각 개인의 최대치를 하나의 앙상블로 통합하는 것. 무대의 모든 것은 약속에 따라 움직여야 한다. 배우들의 감정연기도 약속이다. 어떤 배우가 연습 때보다 더 격렬한 감정을 실어 노래를 한다고 하자. 관객들이 박수를 치니까 자기가 잘한 줄 안다. 그가 뿌듯해하고 있을 때 상대 배우는 진땀을 흘린다. 연습 때보다 더 격렬해진 감정에 대응하려면 약속이 깨지고, 연습한 대로의 감정을 연기하면 맥이 빠진다.

공연을 거듭하면서 감성이나 정서가 발전할 수는 있다. 배우가 자신이 몰랐던 감정을 찾아내기도 하고 그때까지 풀리지 않았던 감정이 신이 내린 것처럼 딱 오는 경우도 있다. 그런 모습은 관객에게 진정한 감동을 준다. 그렇다고 하더라도 약속의 범위에서 크게 벗어나지 않아야 한다. 그날 공연이 끝난 후에 다시 약속을 맞출 수는 있지만 공연 중에는 아니다.

무대는 신성한 곳이다. 몇 주씩 하는 연습은 대사를 외우기 위한 게 아니다. 배우, 무대 메커니즘을 운영하는 기술 스태프, 오케스트라 등 모든 구성원이 서로 교류하고 정서적으로 교감하기 위한 것이다. 그 약속의 최종 점검이 리허설이다. 그렇게까지 하고서 약속을 깬다는 건 무대를 우습게 생각한다는 것이고, 무대에 설 자격이 없는 것이다. 배우로서의 기본을 망각하는 처사다.

사실 이런 배우들은 안 쓰면 그만이다. 그러면 더 말할 것도 없는

데, 너도 나도 인기스타의 팬들을 관객으로 불러들이려고 한다. 대중적인 인기가 있다고 실력 없는 사람을 주인공으로 시켰을 때, 전혀 그 역할을 해석하지도 못하고 소화하지도 못하는 사람이 왔을 때 다른 배우들의 마음은 어떨까? 그걸 바라보는 스태프들의 마음은 또 어떨까?

프로덕션은 왜 저런 사람을 주인공으로 캐스팅했나, 저 사람은 열정도 없으면서 왜 한다고 했나 싶을 것이다. 이건 호기심도 아니고 질투도 아니다. 실망이다. 최정원, 남경주, 전수경 등은 앙상블에서 시작해 20년 넘게 무대만 지켜온 배우들이다. 그들에게 무대는 신성한 공간이고, 그에 맞게 책임감과 사명감을 갖고 무대에 선다. 그런데 갑자기 아이돌이 난데없이 나타나서는 주인공을 하고 자신은 조연을 한다면 그들은 상처를 입을 것이다. 무대를 지켜온 게 고작 이건가, 그 대가가 고작 이런 건가 싶지 않겠는가. 그런 마음의 상처는 어떤 것보다 골이 깊다. 앙상블도 마찬가지다. 그들 입장에서 보면, 굳이 무대에서 고생할 필요가 뭐가 있나 싶을 것이다. TV에 나가 인기를 끌면 무대 주인공은 덤으로 따라오는데 말이다.

그들이 실망감으로 자신을 돌아보게 만들어서는 안 된다. 무대의 약속을 지킬 줄 모르는, 애초에 약속이란 걸 할 실력도 되지 않는 사람을 기용해서는 안 된다. 이건 연출의 몫이 아니라 철저하게 프로듀서의 몫이다. 그런 공연 환경을 만들어서는 안 된다. 프로듀서가 스타의 인기에 영합하는 건 스스로 능력 없음을 인정하는 것이다. 관

배우들끼리의 경쟁은 어쩔 수 없다.
그들이 아름다운 경쟁, 멋진 경쟁을 할 수 있는 토대를 만들어주면 된다.

객들은 좋은 작품에는 지갑을 열기 마련이다. 그런데 좋은 작품을 만들 자신도 없고, 시대에 대한 질문을 던질 능력도 없고, 감동을 줄 능력도 없으니 실력이 검증되지 않은 인기스타를 쓰는 거라고 나는 생각한다.

경쟁을 하다 보면 분장실에서도 갈등이 있을 수 있고 서먹할 때가 있다. 그럴 때 튀는 정서를 조금씩 눌러주는 것, 그 중 어떤 배우가 풀이 죽어 있을 때 용기를 주는 것이 프로듀서의 일이다. 배우들끼리의 경쟁은 어쩔 수 없다. 그들이 아름다운 경쟁, 멋진 경쟁을 할 수 있는 토대를 만들어주면 된다. 그렇게 열정적인 경쟁을 하다 보면 그 작품에 빠져드는 깊이가 달라진다.

모든 스타 배우들도 앙상블에서 시작해 무대를 지켜왔다.
그들은 책임감과 사명감을 갖고 무대에 선다.
(연극 〈엄마를 부탁해〉의 한 장면)

앙상블은 │ 무대의 꽃이다

〈맘마미아!〉 지방공연이 한창이던 2013년. 샘 역으로 출연 중이던 성기윤이 모친상을 당했다. 미안하지만 우리는 그의 슬픔을 온전히 함께하지 못했다. 배우들은 신나는 무대를 위한 준비를 해야 했고, 나는 성기윤이 빠진 자리를 대신할 배우를 구해야 했다. 공연쟁이의 고충이다.

비중이 큰 성기윤을 대신할 배우가 없다면, 대신하더라도 퀄리티가 떨어진다면 공연을 하지 않는 것이 맞다. 그때 배우 서만석이 거기에 있었다. 그가 우리를 구했다. 당시 앙상블로 출연 중이던 서만석이 공부하는 마음으로 그 배역을 준비하고 있었던 것이다. 서만석

덕분에 공연은 무사히 마칠 수 있었다. 그에게 소주 한 잔 진하게 사고 싶었다.

여기까지가 도입을 위한 미끼다. 나는 여러분이 이런 질문을 떠올렸기를 바란다. '간혹 주요 배역을 대신할 수 있기 때문에 앙상블이 중요하다고? 위급한 상황에서 대역을 해줘야 소주를 사고 싶다고? 앙상블로 출연하는 서만석에게는 소주를 사고 싶지 않다고?' 미리 말해두자면, 신시의 작품에 출연하는 주연급 배우들의 개런티는 다른 회사에 비해 적다. 그리고 앙상블의 개런티는 다른 회사에 비해 많다. 내가 앙상블을 귀하게 여기기 때문이다.

지금 공연계에서 앙상블의 위상은 낮다. 솔직히 말해 형편없다. 앙상블 때문에 주연 배우들이 빛나는데도, 쉴 틈 없이 뛰어다니고 의상을 수십 번 갈아입으며 일인다역을 소화하는데도 마치 수준 낮은 배우들이나 앙상블을 하는 것처럼 생각한다. 그래서 심하게는 주연 배우와 200배까지 차이 나는 개런티를 받기도 하고, 배우로서 제대로 대우받지도 못하는 게 현실이다.

어떤 프로듀서 혹은 연출은 앙상블을 뮤지컬의 구색이나 갖추기 위해 필요한 것, 무대의 그림이나 병풍처럼 생각하는 듯하다. 그렇지 않고서야 앙상블을 죄다 신인들로만 기용할 리 없다. 제작비를 아끼려는 고육책임을 모르는 바 아니지만, 앙상블이 받쳐주지 않으면 뛰어난 연기력과 가창력을 갖춘 주인공이라고 해도 빛날 수 없다. 관객 중 누구도 앙상블을 위해 기립하지 않지만, 앙상블이 없다면 주인공

앙상블의 짜임새 있는 합이 작품의 완성도를 높인다.
앙상블은 주연 배우를 받쳐주는 데 그치는 것이 아니라
독자적인 캐릭터를 구축할 수 있어야 한다.

(뮤지컬 〈시카고〉의 한 장면)

역시 박수를 받지 못한다.

앙상블의 짜임새 있는 합이 작품의 완성도를 높인다. 단순히 주연 배우들을 받쳐주는 데 그치는 것이 아니라 독자적인 캐릭터를 구축할 수 있어야 한다. 〈시카고〉, 〈아이다〉, 〈고스트〉 등의 작품에 나오는 앙상블은 서른 살이 넘은 배우들이 많다. 특히 〈시카고〉는 모두 30대 중반 이상 배우들이다. 노래와 춤은 기본이고 연기력까지 갖춘 배우들을 선발하다 보니 그렇게 된 것이다. 〈댄싱 섀도우〉에서는 성기윤, 정영주, 황현정, 김경선 등 주연급 배우들을 설득해 앙상블로 기용했다.

앙상블은 실력이 모자라는 사람이 아니다. 아직은 기회를 잡지 못한 잠재적인 스타들이다. 이건명, 김경선, 김보경, 안시하 등의 배우들도 주연 배우의 대역을 했다가 주연급 배우로 성장한 사례다. 오랫동안 주연급으로 있는 많은 배우들이 앙상블의 시기를 거쳤다. 최정원, 전수경, 정선아, 성기윤, 배해선, 문종원, 김호영 등 대다수의 스타들이 앙상블에서 시작해 정상에 오른 배우들이다. 지금처럼 앙상블을 홀대하는 프로덕션이 많다면, 그래서 재능 있는 배우들이 무대를 떠난다면 프로듀서의 꿈을 이뤄줄 배우를 찾기가 점점 더 어려워질 것이다.

오해할까 봐 덧붙여 둔다. 〈아이다〉, 〈푸르른 날에〉처럼 앙상블 팀이 보여주는 혼신의 열정이 주연 배우들 못지않은 감동을 주는 경우도 많다. 앙상블 중 미래 스타가 나올 것이기 때문에 그들이 중요한

게 아니다. 미래 스타가 육성될 토양이기도 하지만, 앙상블은 그 자체로 무대의 꽃이다. 배우 스스로 스타를 꿈꾸지 않더라도 무대의 꽃 그 자체로 자부심을 느끼게 해줘야 한다.

이들의 사기를 북돋우는 데 특별한 기술이 필요할 것 같지 않다. 그들을 꽃으로 보기만 한다면 나머지는 저절로 해결될 것이다.

새로운 인재를 발굴, 양성하는 일도 프로듀서의 몫이다.
〈맘마미아!〉에서 그랬듯이 새로운 신인을 과감히 캐스팅해야 한다.

배우의 빛깔을 파악하라

　　　　　2005년부터 시작해 500회 이상 공연한 〈아이다〉는 많은 공연 중에서도 특히 주·조연, 앙상블 모두 수준 높은 배우들이 선발되는 공연이다. 그 어떤 공연보다 춤, 노래, 연기가 고루 조화를 이루고 있고, 거기에 왕실의 이야기를 다루고 있으므로 빼어난 신체적 조건까지 갖춰야 한다. 그러니 격이 있는 배우만이 참여할 수 있다 해도 과언이 아니다. 지금까지 〈아이다〉를 거쳐 간 배우들은 항상 그 시대의 탑 클래스 배우들이었다.

　특히 그 중 가장 드라마틱한 배역을 꼽는다면 단연 암네리스다. 아이다와 라다메스의 사랑을 본의 아니게 방해하는 이집트의 공주로 갈등의 한 축을 이루는 인물이다. 옷을 열두 번 갈아입는 화려한 역할이기도 하거니와 웃음과 슬픔을 넘나드는 배역으로 공연 중 가장 많은 박수 갈채를 받는다.

이 역할을 2005년 초연의 배우 배해선은 매우 훌륭하게 해냈다. 브라운관에서 빼어난 연기로 시청자들에게 인정받고 있는 그녀는 뮤지컬계에선 이미 탑 배우였다. 그녀는 암네리스 역으로 특유의 호소력 있는 연기와 노래를 보여주었고 관객들의 혼을 쏙 빼놓았다. 어쩌면 주인공 아이다보다 더 사랑받았다 해도 과언이 아니다. 그녀는 이 연기로 2005년 제11회 한국뮤지컬대상 여우주연상을 받았다.

세월이 흐르고 2010년 두 번째 공연을 시작한 〈아이다〉에서 암네리스는 낙천적인 배우 정선아로 바뀌었다. 배해선의 암네리스를 기억하는 사람이라면 새로운 암네리스가 과연 그녀의 연기를 뛰어넘을 수 있을까 궁금했을 것이다. 정선아 또한 그 역할을 이전보다 더 빛나게 완성해보고자 노력했고, 캐릭터를 창조하는 데 매우 힘들어했다.

두 배우는 각기 갖고 있는 장점이 다르다. 그러니 정선아가 아무리 배역에 대해 어려움을 겪고 있어도 이전의 공연과 똑같이 하라고 할 수는 없다. 배해선이 창조했던 해석의 장점이 정선아에게서는 보여지지 않을 수 있다. 하지만 정선아도 그 배역을 자신의 것으로 만들어야만 한다. 배역에 대한 당찬 욕심으로 접근한다면 새로운 암네리스가 탄생할 수 있는 것이다. 프로듀서는 그렇게 할 수 있도록 독려해야 한다.

배해선의 암네리스(위)와 정선아의 암네리스(아래)는 저마다 다르다.
배우의 개성을 파악하고 그만의 강점을 최대한 이끌어내는 것도 프로듀서의 몫이다.

정선이는 익바리 같은 정신으로 2010년과 2012년 공연에서 계속 암네리스를 연기하면서 그 배역을 기필코 완성해냈다. 2013년 한국 뮤지컬대상과 뮤지컬 어워즈에서 여우주연상을 휩쓸었다.

너무 상식적인 이야기를 조금 더 하자면, 배우마다 인물에 대한 해석이 다르므로 연출은 그 사람의 장점, 그 사람만이 할 수 있는 해석을 끄집어내야 한다. 그러면 성공하는 배역이 되는 것이다. 나오지 않는 것을 계속 요구해서는 안 된다. 빨리 분위기를 바꿔서 그 배우가 가진 장점에 더 풍부한 상상력을 불어넣도록 도와줘야 한다. 그러려면 그 배우를 잘 알아야 한다. 장점과 단점을 알아야 '그 배우의 최대치'를 뽑아낼 수 있다.

연출만 배우를 알아야 할까? 프로듀서도 마찬가지다. 누군지 밝힐 수 없고 어떤 작품이었는지도 말할 수 없다. 오리지널 팀이 오디션을 통해 선발한 어떤 배우가 나는 마음에 들지 않았다. 오리지널 팀에 다시 생각해보길 권했으나 그들은 자신들의 선택을 강행했다. 그 배우는 보여줄 수 있는 최고치를 오디션에서 보여줬고 그것이 그들에게 무한한 기대를 갖게 한 것이다. 그런데 아니나 다를까, 연습이 꽤 진행되었는데도 그 배우는 발전하지 않았다.

내가 반대한 이유는 그가 '오디션 전문 배우'라는 걸 알고 있었기 때문이다. 오디션을 볼 때는 정말 피터지게 준비하고 합격을 하고 나면 게으른 배우, 연습을 거듭해도 오디션 때 실력에서 조금도 나아가지 않는 배우였다. 외국에서 온 사람들이 그런 부분까지 알 리 없었다. 그들에게 내 반대는 편견에 지나지 않았을 것이나.

다양한 배우늘이 있다. 어떤 배우는 여습 초기에는 쑥쑥 달려가다가 공연이 임박할수록 속도가 느려지며 그 수준에서 공연까지 간다. 또, 처음에는 지독한 연습량에도 불구하고 인물에 몰입하지 못하다가 공연에 임박해서 그 배역에 대한 해석이 달라져서 확 터뜨려버리는 배우도 있다. 분위기를 띄우는 배우가 있고, 어색하게 만드는 배우가 있다. 분노할 때 더욱 빛나는 배우가 있고, 슬플 때 더욱 빛나는 배우가 있다.

이석준은 날카롭고 차갑다. 이건명은 온화하고 감미롭다. 배해선은 연기를 기본으로 노래와 춤 실력도 뛰어나다. 성기윤은 체력이 좋고 좋은 체구를 가졌다. 여기서는 간략한 인상만 언급하지만, 주연급 배우들의 특징과 한계치가 무엇인지 정도는 꿰고 있어야 한다. 배우들은 무대 위에서 직접 관객과 만나 우리의 꿈을 실현하는 사람들이다. 프로듀서가 자신이 펴놓은 명석 위에서 놀 배우들을 모르고서 어떻게 그들과 함께 꿈을 꿀 수 있을까. 내가 꾸는 꿈의 빛깔에 가장 잘 맞는 빛깔을 가진 배우가 누군지 알아야 한다. 이런 배역이라면 그 배우를 캐스팅했을 때 정말 아름다운 빛깔이 나겠구나 할 수 있어야 한다. 그런 각각의 빛깔들이 모여 공연이라는 하나의 그림을 만드는 것이다.

그리고 작업을 해가면서 그들 개인을 알아가야 한다. 배우들은 상처받기 쉬운 존재들이다. 배우만 보고 그 바탕에 있는 사람을 보지 못한다면 어떻게 상처받은 그들의 마음을 위로해주고 앙상블을 유지할 수 있겠는가. 어떻게 그들의 마음이 무대를 떠나지 않게 할 수 있겠는가.

배우는 오디션에서 자신이 보여줄 수 있는
최고치를 보여줘야 한다. 스타 배우라고 예외는 아니다.
(뮤지컬 〈아이다〉의 한 장면)

내가 | 편애하는 사람들

　　　　　　　　　　　나는 주연 배우보다 앙상블을 더
챙긴다. 맞다. 편애하는 것이다. 그리고 굳이 비교를 하자면 배우들
보다는 스태프를 더 챙긴다. 이것 역시 편애다. 전체 회식을 잡을 때
스태프 쪽에서 시간이 맞지 않으면 다른 시간을 잡는다. 공연할 때
는 스태프들이 있는 방마다 가서 인사 겸 격려를 한다. 내 고향에서
올라온 해남 고구마도 주고 명절 때는 작은 선물, 그게 안 되면 떡이
라도 돌린다. 소주 한 잔 하는 횟수도 배우들보다는 스태프 쪽이 더
많다. 이제와 고백하자면, 배우들 몰래 소주에 삼겹살을 먹었다.

　배우들도 춤을 추다 다치지만 스태프들은 어두운 곳에서 다니다

보니 소소한 부상을 종종 입는다. 병원에 갈 정도는 아니더라도 부상은 부상이다. 몸의 작은 상처가 자칫 마음의 상처가 되기도 한다. 아팠겠다고 좀 조심하지 그랬냐고 관심을 받으면 아무것도 아닐 수 있는데, 그걸 알아주지 않으면 마음의 상처로 번지고 공연에서 마음이 떠나게 된다.

좀 심각한 사고는 주로 조명 쪽에서 발생한다. 사다리 위에서 하는 작업이 많고 간혹 조명 배튼이 떨어지는 대형사고가 발생하기도 한다. 〈아이다〉와 〈고스트〉는 조명 물량을 대량 투입하는 작품이라 설치하는 데만 일주일 이상 걸린다. 안전사고가 항상 걱정이 된다. 내가 조명 설치를 도울 수도 없고, 그 자리에 앉아 조심하라고 말하고 있을 수도 없다. 내가 그들에게 해줄 수 있는 것은 시간을 넉넉히 주는 것이다. 제아무리 전문가라도 시간에 쫓기면 안전에 소홀하게 된다.

"공연을 한 번 못해도 좋다. 환불해주면 된다. 그러나 절대로 사람이 다쳐서는 안 된다. 그건 우리가 하는 일, 앞으로도 하고 싶은 일에 대한 회의를 느끼게 한다. 사고가 나면 팀 분위기는 침울해지고 가라앉는다."

이것이 나의 지론이다.

신시가 하는 모든 뮤지컬의 무대감독을 하는 사람이 있다. 그가 무대감독으로 마이크를 잡으면 모든 것이 안정적으로 돌아간다. 면도날처럼 각 파트의 앙상블이 맞아 들어간다. 장기공연을 하다 보면

공연에만 미쳐 사는 사람들.
컴컴한 흑막 뒤에서 묵묵히 일하는 스태프들은 우리 공연예술계의 소중한 자산이다.

무대 오토메이션에서 문제가 발생하지 않을 수 없다. 그러나 그가 있으면 걱정 없다. 놀라운 순발력과 센스로 문제를 해결한다. 마흔이 넘은, 아직 결혼도 하지 않고 무대에만 미쳐서 사는 김재홍 감독이다. 연세대학교 연극 동아리에서 시작해, 연극에 대한 애정이 남다르고 무대감독으로서의 책임감과 사명감이 굉장히 투철한 사람이다.

그런 그가 공연이 3분의 1 정도 지나갈 무렵 결핵에 걸렸다. 딱 봐도 건강하게 생겼고 술도 마시지 않는 사람이 요즘에는 다이어트 하는 아가씨들이나 걸린다는 결핵에 걸렸다니 건강 관리에 많이 소홀했구나 싶었다. 일에 미친 그는 공연이 끝난 후에 치료를 받겠다고 버텼다. 프로듀서의 권력은 이럴 때 쓰라고 있는 것이다. 나는 반강제적으로 그를 입원시켰다. 10일 정도 입원해 있는 동안 조감독이 그를 대신했다.

공연에 관련된 일을 하는 사람은 언제나 최고의 공연을 보여줘야 하기 때문에 아플 수도 없고 아플 자격도 없다는 말이 있다. 아프다는 건 자기 관리를 하지 않았다는 증거다. 하지만 그건 아프기 전에 하는 말이고 다 나은 후에 해주는 말이다. 사람이 아프면 다 나은 다음에 일을 하는 거고, 자기가 하고 싶은 일이라도 건강해야 재밌게 즐기면서 할 수 있다. 그래야 본인도 행복하고 관객도 행복하다.

나는 스태프를 흑막 뒤의 마술사라고 부른다. 오케스트라, 조명, 음향, 의상, 의상을 갈아입혀주는 스태프. 그들은 보이지 않는 곳에서 배우들이 연기를 할 수 있게 하고 그들의 연기를 돋보이게 한다.

박수도 받지 않으면서 컴컴한 곳에서 자기 일을 묵묵히 하는 사람들이 스태프다. 밤에 일하고 주말에노 일하니까 친구를 만나기도 어렵고 연애도 하기 힘들다. 그래서 시집 장가 못 간 사람이 많다. 공연에만 미쳐 사는 사람들, 그야말로 장인 정신이 없으면 하기 힘든 직업이다. 그들은 지금보다 더 많이 존중받아야 한다.

"여러분이 공연을 위해 제일 고생을 많이 하는 사람들입니다. 공연을 만드는 데 있어 여러분이 하는 일의 가치가 얼마나 큰지 알았으면 합니다. 늘 무대예술의 한 축을 담당한다는 자부심을 가져주세요."

내가 스태프들에게 심심찮게 하는 말이고 지금 이 순간에도 그들에게 해주고 싶은 말이다.

공존의 기술

　　　〈산불〉의 압권은 극 마지막에 대나무 밭이 불타는 장면이다. 점례와 사월의 사랑도, 규복의 두려움도, 산골사람들의 삶도 전쟁과 이데올로기에 불타버린다는 상징이다. 이 장면이 관객을 압도하고 남음이 있어야 연극이 전달하고자 하는 메시지가 감동적으로 전달된다. 그래서 담양에서 진짜 대나무도 베어오고 시들지 않는 플라스틱 대나무 잎도 수작업으로 붙이는 등 제작비를 많이 투자했다. 연극 한 편에 8억 원의 제작비. 나는 즐겁고 행복하게 이 미친 짓을 저질렀다. 적자를 보긴 했지만 무대의 풍성함에 비하면 크지 않은 액수였다.

'정상적으로' 제작을 했다면 적자 폭이 더 컸어야 한다. 그런데 자범석 선생의 작품이라는 이유로 모두들 도와주었다. 강부자 선생, 조민기 배우를 비롯해 누구도 출연료에 욕심을 내지 않았다. 특히 조명과 음향에서 큰 도움을 받았다. 나는 토탈코리아의 신재 사장에게 〈아이다〉에 썼던 조명을 모두 다 내놓으라고 했다. 서울음향의 최기선 사장에게도 비슷한 부탁을 했다. 두 사람에게 적은 예산으로 많은 기재를 쓰자고 한 것이다. 요즘 유행하는 '갑질'이라고 오해할 수도 있지만 그런 게 아니다. 두 사람 다 신시와 20년 가까이 같이 일해오고 있는 파트너들이다. 분장, 의상 등 다른 파트도 마찬가지다. 다들 우리와 길게 일하고 있는, 팀이라고 해도 좋을 파트너들이다. 사업적인 관계지만 그것을 뛰어넘는 뭔가가 있다.

〈맘마미아!〉, 〈아이다〉, 〈고스트〉 같은 대작을 할 때, 기획사만 부담스러운 것은 아니다. 다른 파트의 협력사들도 그만큼 투자를 해줘야 한다. 특히 음향과 조명이 그렇다. 〈맘마미아!〉의 경우, 세계 최고의 음향 기재가 들어왔다. 한국의 어느 뮤지컬도 이 작품만큼 음향 부분에서 물량공세를 한 작업이 없다. 음향의 질에서 〈맘마미아!〉를 할 수 있으면 어떤 공연이든 할 수 있다고 할 정도다. 초연 당시 서울음향은 무려 20억 원의 음향 시스템을 수입해와야 했다. 방송국, 콘서트 등에서 수익을 얻을 수 있다고는 해도 가볍게 결정할 액수는 아니다. 실제로 초연에서는 투자한 금액이 회수되지 않았다.

조명도 크게 다르지 않다. 〈아이다〉는 무대 디자인과 조명이 가장 뛰어나다는 평가를 받는 작품이다. 혹자는 뮤지컬이 아니라 과학이라고 말할 정도로 매우 섬세하고 디테일하다. 이것을 구현하기 위해서는 엄청난 물량의 특수 조명기가 필요했다. 이것도 엄청나다고 했는데 〈고스트〉의 조명은 더 대단하다. 빛의 마술과도 같은 이 작품 역시 국내에 없는 특수 조명기가 많이 쓰였고 모두 수입을 해왔다. 어떤 조명은 정말 특수해서 다른 곳에서는 쓰지 못하는 것도 있다. 〈아이다〉에 쓰인 조명기 중에는 너무 옛날 거라 구하기 어려운 것도 있었다. 미국에도 없고, 영국에도 없고, 백방으로 수소문해서 싱가포르에서 사왔다. 이 조명기 역시 다른 데서는 쓰지 못한다.

그들이 이렇게 투자를 할 수 있었던 것은 신시라면 공연을 성공시킬 거라는 믿음이 있기에 가능한 것이었다. 믿음은 그냥 생기지 않는다. 세월이 간다고 저절로 생기지도 않는다. 일단은 실력으로 보여줘야 한다. 그리고 공존하고자 하는 마음이 있어야 한다. 초연 때 투자비 회수가 덜 됐다면 재공연 때는 좀 더 신경을 써줘서 그 회사들을 보호해줘야 할 의무가 프로듀서에게는 있는 것이다. 서로의 이익을 잘 조율하는 순발력 또한 필요하다. 이렇게 오래 같이 일을 하다 보니 지금은 돈 때문에 하니 못하니 줄다리기를 하지 않는다. 문제가 있으면 어떻게 해결할 것인가에 집중할 수 있게 된다.

총리허설은 각 파트별로 연습한 사람들이 한자리에 모여 이른바 '기까끼'를 하는 시간이다. 0.1초 단위까지 호흡을 맞춰야 하는 작업이다. 〈고스트〉의 경우 2시간 반 동안 900개의 큐가 넘어간다. 배우

음향과 조명 등 협력사들이 이렇게 투자를 할 수 있었던 것은
신시라면 공연을 성공시킬 거라는 믿음이 있기에 가능한 것이었다.

(뮤지컬 〈맘마미아〉의 한 장면)

의 발걸음과 음향이 맞아야 하고, 오케스트라에 맞춰 조명이 바뀌어야 하는 절묘한 앙상블이 이루어져야 한다. 조금이라도 틀리면 공연의 질이 떨어지고 사고가 난다. 각 파트가 모여 하나의 유기체가 되어야 하는 것이다.

그래서 함께 계속 손발을 맞추어왔던 팀끼리 협업을 이어가는 것이 좋다. 재공연을 한다면 지난번 공연에서 미비했던 부분을 보완하기에도 좋다. 매번 새로운 회사와 작업을 한다면 팀워크가 생기기도 어렵고, 시스템 통합도 어렵다.

프로듀서는 한 프로덕션의 총감독이다. 예술가들이 완벽한 작품을 만들 수 있도록 멍석을 깔아주는 사람이다. 그 멍석 위에 올라서는 사람들은 우리가 소중하게 생각하는 목표를 위해 모인 것이다. 그러면 회사든, 개인이든, 배우든, 작품에 참여하는 모든 사람이 그 멍석 위에서 공존해야 한다는 것이 첫 번째 원칙이다. 이 원칙이 무너지면 신뢰도 따라 무너진다.

돈보다 신뢰의 벽돌을 쌓아라

"무슨 소리야, 당장 입금해!"

그때 그 일은 지금 생각해도 얼굴이 화끈거린다. 〈댄싱 섀도우〉를 제작할 때였다. 차범석 선생께 원작료의 절반을 계약금으로 드리고 나머지 돈을 입금해야 할 날짜가 다가오고 있었다. 좀 죄송하긴 해도 10년 넘게 친아버지처럼 모셔온 분이니 며칠 늦어도 이해해주시려니 했다. 그러다가 선생의 호통을 들은 것이다.

"나와의 약속도 지키지 않는다면 다른 사람에게도 그럴 것 아니냐! 돈 문제에서 뒤가 구리면 안 돼! 이런 일이 반복되면 습관처럼 굳어지는 거야. 친하고 가까운 관계일수록 돈 문제는 깨끗해야 한다.

너도 대학로의 누구누구처럼 그 잘난 연극한답시고 손가락질이나 받으며 살 거야?”

좀 창피하지만, 그날 나는 울었다.

또 다른 일도 있었다. 내가 프로듀서로서 기획하고 제작한 첫 작품은 〈더 라이프〉였다. 국내에서는 최초로 정식 라이선스 계약을 맺고 공연한 작품이다. 그 이전에는 모두들 저작권을 도둑질해 공연을 하고 있었다. 어쨌거나 첫 작품에, 첫 정식 계약 작품이니만큼 신경쓸 것도 많고 어려운 점도 많았다. 그래도 순탄하게 진행되고 있었는데 공연을 얼마 앞두지 않은 시점에 돈이 조금 모자랐다. 극장 대관료 5,000만 원을 구하지 못한 것이다. 총제작비가 6억 8,000만 원이었으니 그에 비하면 그렇게 큰돈은 아니었다. 나는 극단 대표였던 김상열 선생을 찾아가 사정을 설명했다. 액수만 생각하면 무리한 부탁은 아니었다. 극단 살림을 내가 할 때여서 여유 자금의 규모를 잘 알고 있었다.

“그 정도 각오도 없이 일을 벌였어? 네가 알아서 하기로 하고 시작한 거 아냐? 극단 예산은 한 푼도 손댈 수 없으니 다른 데서 융통해.”

극단 소속인 프로듀서로서 공연이 성공하면 그 수익금은 극단이 갖되 손실이 나면 나 혼자 책임을 진다는 계약서를 써드린 참이었다. 공연이 끝난 후 선생은 병상에서 말씀하셨다.

“제작자가 된다는 건 늘 그런 책임이 필요해. 하나의 작품을 선택

〈댄싱 섀도우〉 당시 차범석 선생, 에릭 울프슨과 나.
차범석 선생에게 호통을 듣고 나서야 비로소 프로듀서로서
돈에 대한 막중한 책임감을 깨달았다.

하는 건 또 얼마나 위태로운 일이냐. 혼자 힘으로 극복하는 방법을 배웠으면 했다. 첫 작품, 성공해줘서 고맙다."

어머니께 물려받은 유일한 철학이 '남들에게 손가락질 받는 일을 해서는 안 된다'는 것인데 손가락질 받는 사람, 책임감 없는 프로듀서가 될 뻔했다. 그 후 돈 약속은 철저하게 지키는 프로듀서가 되었다. 감사한 일이다.

예술 하는 사람이 너무 돈, 돈 하면 안 된다고 말하는 사람이 있다. 예술가는 돈을 초월한 뭔가를 하는 사람이니 출연료 늦게 들어온다고, 계약금 좀 밀린다고 징징거려서는 안 된다고 말하는 사람이 있다. 연극판에서도 작품이 망하면 출연료를 주지 않는 극단이 꽤 있다. 줄 수 없는 형편이라는 게 맞겠다. 그러면 소주 한 잔 마시면서 "관객들이 우리 수준을 못 따라오네. 다음에는 멋진 예술작품 하나 만들어서 그때 동인제처럼 수익을 배분하자"라고 말한다. 그럴 리 없겠지만 만에 하나 잘 됐을 때 어떻게 할지 몹시 궁금하다.

돈으로 신뢰를 살 수는 없다. 그러나 깔끔한 돈 처리는 신뢰의 기본이다. 열 번 잘해도 한 번만 잘못하면 신뢰가 깨지는 것이 돈 문제다. 이번 작품이 실패하면 다음 작품에서 만회할 수 있지만 신뢰는 한 번 깨지면 회복하기 어렵다. 프로듀서가 투자자들에게 받은 돈을 자기 돈인 양 쓰다가 형사처벌까지 받은 사례들이 있기에 하는 말이다. 투자금은 작품을 위해, 배우를 위해, 스태프를 위해 써야 할 돈이고, 불려서 투자자들에게 돌려줘야 하는 돈이다.

최근에도 돈 때문에 생긴 말썽이 있었다. 공연 직전에 제작사 대표가 공연 취소를 통보했다고 한다. 관객들은 며칠 후에야 일부 배우들과 오케스트라가 임금을 받지 못해 생긴 문제라는 것을 알았다. 관객들이 보고 싶은 공연을 보지 못한 것, 그리고 배우들이 무대에 서지 못한 것이 가장 안타깝지만 오로지 프로듀서 개인의 입장에서만 생각을 해보자. 그는 오랫동안 공연 쪽 일을 하면서 쌓아온 모든 것을 잃었다. 다소 극단적으로 말하면, 관객들은 다른 작품을 보면 된다. 배우들은 다른 작품에 출연하면 된다. 스태프들 역시 마찬가지다. 하지만 그는 공연계에 다시는 발을 붙일 수 없게 되었다. 개인적인 친분이 없으니 그간의 사정을 속속들이 알지 못한다. 막상 사연을 들어보면 일견 수긍이 가는 측면이 있을지 모르지만, 그것은 개인적인 연민일 뿐이다. 공연계는 그런 잘못을 용납하지 않는다.

아직 젊은 프로듀서라면 매 작품을 할 때 신뢰의 벽돌을 쌓아간다는 생각을 했으면 한다. 당장 대작을 할 수는 없고 소극장에서 운용되는 돈이 얼마 되지 않는다고 해도 작은 작품에서부터 실수를 하지 않겠다고 생각했으면 한다. 서로 불신하면서 어떻게 좋은 작품을 꿈꾸겠는가. 그건 그야말로 돈 놓고 돈 먹기다. 서로 돈만 보면 앙상블은 없다. 장기적인 파트너십도 없다.

예산 집행은 유리처럼 투명하고 칼날처럼 명확해야 한다. 함께 꿈을 꿨던 파트너를 조금 더 챙겨주는 '투자'도 해야 한다. 그렇게 프로듀서로서의 실력과 신뢰를 쌓아가면 투자회사도 늘어난다. 결국에는 대작을 제작할 수 있는 투자를 받을 수 있고 대작을 기막힌 앙상블로 완성시킬 파트너를 얻게 되는 것이다.

　프로듀서로서 공연계에서 인정받기까지는 많은 세월과 노력이 필요하다. 좌절감도 느낄 것이고 사람에게 상처를 받기도 할 것이다. 흔해빠진 말일지 모르지만 그런 경험들이 미래에 무엇과도 바꿀 수 없는 자산임을 알게 될 것이다.

연극은 분명한 메시지를 전해야 한다.
해답을 주지는 못할망정 숙제라도 안겨주어야 한다.
(연극 〈대학살의 신〉의 한 장면)

홍보의 전제는 자신감이다

유명 스타를 기용하는 것만으로도 마케팅이 거의 완료되는 호시절(?)이 있긴 했다. '저렇게 인기 있는 사람이 주연이니까 당연히 작품도 좋겠지', '좋아하는 연예인을 보는 것만 해도 반 본전은 챙기는 거다'라는 판단을 과거의 관객은 했었다. 요즘에도 여전히 아이돌 스타의 팬들을 관객으로 끌어들이려는 컴퍼니가 있다. 그러나 지금 시대에 그 전략의 유효성이 얼마나 되는지는 의문이다.

뮤지컬 시장이 한창 성장하던 10여 년 전과 현재는 세 가지 지점에서 다르다. 첫째는 내수시장의 부진, 즉 관객들의 주머니 사정이다. 경기가 지금보다 좋을 때 두세 작품 보던 관객들이 지금은 한 작품을 본다. 두세 작품 볼 때는 한 작품에서 실망을 해도 심리적 타격이 적지만, 한 달에 한 작품이라면 다르다. '반드시' 티켓 가격 이상의 만족을 얻어야 한다. 그러니 신중하게 작품을 고를 수밖에 없다. 작품의 내용을 꼼꼼히 살피고, SNS 등을 통한 구전에도 민감하다.

두 번째, 관객들의 눈높이가 높아졌다. 이제는 인기 스타가 나왔다고 그 작품을 선호하지 않는다. 아무리 유명한 스타가 출연하더라도 좋은 공연과 나쁜 공연을 구분해서 볼 수 있는 눈이 생겼다. 그동안 너무 많이 속아온 탓도 있다. 스타가 나온다고 해서 갔더니 공연이 엉망이었던 경험이 누적된 것이다.

세 번째는 구전의 막강한 발전이다. 옛날에는 작품을 보고 마음에 들지 않아도 주변 몇몇 사람에게만 그 사실을 알릴 수 있었다. 지금은 어떤가. 브로드웨이 관객의 불만도 실시간으로 볼 수 있다. 허위 과장 광고가 먹히지 않는 시대가 된 것이다. 홍보를 잘해서 소문난 잔치를 만들어봐야 먹을 게 없다는 소문이 더 빠르게 퍼진다. 공연 전에 엄청난 예매율을 보이다가 오픈 이후 뚝뚝 떨어지는 경우가 허다하다.

관객들에게 주는 정보는 일단 솔직해야 한다. 사실 홍보를 진행하다 보면 광고 문안을 살짝만 과장해도 훨씬 더 많은 관객들이 올 것 같은 유혹을 느낀다. 이 유혹에서 완전히 벗어나 있는 프로덕션이 있을까 싶다. 우리도 2011년 〈피아프〉 재공연 때 솔직하지 못한 정보를

연극 〈피아프〉를 뮤지컬로 홍보해야 할지를 두고
의견이 분분했다. 고민 끝에 정석대로 가기로 했다.
홍보도 중요하지만 관객에게 신뢰를 얻는 것이 더 중요하다.

줄 뻔했다. 〈피아프〉를 뮤지컬로 포장해 홍보하자는 의견이 나온 것이다. 최정원이 주연을 맡았고 노래도 20곡이나 나온다. 일본에서도 뮤지컬이라고 했다는 말은 정말 솔깃했다. 갑론을박하다가 단순한 사실에서 답을 찾았다. 우리가 런던에서 가져올 때 연극으로 가져왔고, 그래서 초연도 연극으로 했었다.

"정직하게 연극으로 가자."

이런 상상을 해본다. 만약 최정원이 아닌, 이름은 널리 알려졌으나 배우로서는 삼류인 사람이 주연이었다면 어땠을까? 피아프는 밑바닥에 있는 감정까지 쥐어짜야 하는 배역이다. 그 감정들을 받아낸 관객들도 공연이 끝나면 진이 빠지는데 연기하는 배우는 오죽할까. 최정원 같은 배우가 〈맘마미아!〉 3개월 하는 것보다 〈피아프〉 열흘 하는 게 더 힘들었다고 할 정도다. 그런데 그런 역할을 최정원 같은 일류 배우가 아니라 삼류가 한다? '작은 참새' 피아프의 삶은 공감을 일으키지 못했을 것이다. 피아프의 삶을 알았던 관객이라면 배출되지 못한 정서 때문에 찜찜했을 것이다. 일류 배우를 썼더라도 작품 자체가 나빴다면 또 어땠을까? 음… 상상만으로도 진땀이 난다.

조금 과장해서 홍보하면 좀 더 많은 관객을 불러올 수 있는 작품이 있다. 또, 과장해야만 관객을 모을 수 있는 작품도 있다. 홍보가 중요한 시대여서 약간의 과장은 어쩔 수 없는 측면이 있지만, 반드시 과장해야만 하는 작품이라면 서글프다. 이제는 별 효과도 없다. 그렇다면 답은 하나밖에 없다. 자신 있는 작품을 내놔야 한다. 그래야 작품에 대한 솔직하고 정확한 정보를 줄 수 있다. 작품에 대한 자신감이 홍보의 전제라는 것이다. 관객들은 좋은 작품에 지갑을 열지 아무 작품에나 자신의 소중한 돈을 낭비하지 않는다. 경기가 어려울수록 더할 것이다. 또, 나쁜 작품에는 지갑을 열지 않지만, 좋은 작품이라고 해서 무조건 보러 오지도 않는다. 그래서 홍보가 필요하다. 좋은 작품을 좀 더 많은 사람들에게 보여주기 위해서 말이다.

같은 말이지만 컴퍼니에 대한 신뢰도 중요하다. 이 컴퍼니는 절대로 허투루 작품을 만들지 않는다, 이 시대가 요구하고 우리 관객들이 보고 싶은 이야기를 풍요로운 무대에서 구현한다, 내 취향은 아닐지언정 작품성은 담보되어 있다, 기본 이상은 하니까 내 취향에 맞는 작품인지만 보면 된다, 하는 신뢰 말이다. 이런 신뢰를 쌓기 위해 좋은 작품을 만들어야 하고, 좋은 작품을 만들다 보면 이런 신뢰가 쌓인다. '뮤지컬을 한 편 보고 싶은데 요즘 이 컴퍼니에서는 무슨 작품을 하고 있지?' 하며 찾아오는 충성도 높은 관객을 확보해야 한다.

독창적인 상상력으로　관객과 승부하라

　　　　　　　　　　　앞서 말했듯, 요즘 관객은 과거에
수동적이었던 관객과는 다르다. 작품 홍보가 나오면 배우들은 물론
이고 어느 컴퍼니에서 제작한 것인지 연출, 음악감독, 안무, 작곡 등
은 누구인지까지 파악한다. 그런 방식으로 작품의 신뢰도를 가늠하
는 것이다. 이제는 정신을 바짝 차리고 작품을 제대로 만들어놓고
홍보해야 한다는 경종이다. 작품을 허술하게 만들면 오픈하자마자
사장시켜버리는 경우도 있다. 마니아층이 늘어나면서 일반 관객들
중에서도 평론가에 버금가는 감상평을 내놓기도 한다. 공연을 사랑
하는 사람들이고 이런 사람들이 공연계를 발전시키는 동력이 되어주

기도 한다. 늘 감사하다.

　적극적인 마니아층의 확대가 가져오는 부작용도 없지는 않다. SNS는 순식간에 퍼져나가고, 만약 잘못된 정보가 퍼져나가면 진실이 모두의 인정을 받기까지는 시간이 걸린다. 퍼져나간 메시지는 회수되지 않고, 영영 잘못된 정보를 맞는 것으로 알고 있는 사람도 있을 것이다.

　〈유린타운〉을 초연했을 때였다. 공연을 본 관객 중 한 명이 신랄한 비난의 글을 올려놓았다. '도대체 사다리 하나 놓고 하는 뮤지컬이 어디 있나. 너무 무성의한 거 아니냐. 그렇게 안 봤는데 신시에 정말 실망했다.' 전체적인 비난을 요약하면 신시가 돈에 환장해서 뮤지컬 같지도 않은 휑한 뮤지컬을 올렸다는 것이었다.

　억울하고 답답했다. 그건 원래 그런 작품이다. 〈유린타운〉은 오프 브로드웨이에서 워크숍을 통해 원 브로드웨이로 진출한 풍자극인데, 우리가 고치고 싶어도 라이선스 계약 때문에 그러지도 못한다.

　〈아이다〉 때도 비슷한 일이 있었다. 역시 초연 때였다. 정확한 내용은 기억나지 않고 핵심은 이랬다. '내가 뉴욕에 가서 아이다를 보고 왔는데 정말 좋았다. 한국에서 한다고 해서 봤더니 무대를 축소해서 그런지 별로였다.'

　한 번 물어만 봤어도 좋았을 텐데, 그러면 다 말해줬을 텐데…. 오리지널 팀의 무대를 그대로 뜯어오는 것도 모자라 의상도 그대로 벗겨왔는데 말이다. 그 사람은 그저 브로드웨이에 다녀왔다는 걸 자랑하고 싶었던 것일지도 모르겠다.

그래도 이처럼 잘못된 정보를 퍼뜨려 억울하게 만드는 경우는 어느 정도 타격은 입겠지만 바로잡을 수는 있다. 그런데 취향과 작품성을 혼동할 때는 참 어렵다. 사람마다 좋아하는 스타일의 작품이 있다. 어떤 사람은 파격적인 형식을 좋아하고, 어떤 사람은 쇼적인 뮤지컬을 좋아한다. 쇼적인 뮤지컬인 줄 알고 갔는데 무거운 주제의식을 가진 작품이라면 실망스럽기도 할 것이다. 그렇다고 이런 건 작품도 아니라고 평가하는 건 대단히 위험한 생각이다. 내가 좋아하지 않는 스타일이라고 해서 졸작인 것은 아닌데 참 쉽게 그 작품에 참가한 모든 사람의 멱살을 잡고 흔들어버린다. 그렇다고 감상평 올리는 것은 우리가 어떻게 할 수는 없는 문제다. 안고 가야 할 부분이다.

내가 정말 걱정하는 것은 적극적인 마니아와 여기에 호응하는 프로덕션이다. 작품에 대한 적극적인 의사 표명을 넘어 작품을 만드는 데까지 참여하려는 마니아가 늘어나고 있는 것 같다. 어떤 프로덕션은 여기에 적극 호응해 연출과 배우를 포함해 스태프까지 마니아층과 카톡을 하고 문자를 한다. 그냥 안부인사 정도가 아니라 작품을 만드는 전 과정을 공개하고 있는 것이다. 이들은 캐스팅에도 영향을 미친다. 자기가 싫어하는 배우가 캐스팅되면 SNS를 통해 난도질해버리고 사람을 바보로 만든다. 그래도 강행한다면? 집요한 공격을 받을 각오를 해야 한다. 마치 예술가들을 유리상자 안에 넣어놓고 이렇게 만들어라, 저렇게 만들어라, 이 배우는 좋고 저 배우는 아니다라

작품은 독창적인 상상력으로 관객들과 한 번 붙어보는 승부다.
시대와 호흡하는 것은 중요하지만 관객과 결코 타협하지 말라.

〈뮤지컬 〈원스〉의 한 장면〉

고 일일이 코치하는 것처럼 보인다. 프로덕션은 이에 편승해 배우들의 연습과정까지 노출시켜버리는 걸 보면 홍보에 도움이 되나고 생각하는 것 같다.

마니아층은 뮤지컬 대상에도 일정 부분 영향을 미치고 있다. 스타상, 인기상은 관객들의 투표로 수상자가 결정되는데, 투표에 참여하는 사람들은 모두 마니아들이다. 수상에 욕심이 있는 사람이라면 그들과 친해지고 싶기도 할 것이다.

어떤 연출가는 이런 행동을 자랑스럽게 여기기도 한다. '나는 열려 있어, 관객들과 소통하고 있어'라며 과시하는 연출가도 많다. 예술가로서 열려 있어야 하는 것도 맞고 관객과 소통해야 하는 것도 맞는데, 내가 보기엔 굉장히 위험해 보인다.

작품은 예술가들의 독창적 상상력이 발현되는 영역이다. 그 소중한 영역에 관객이 들어온다? 거기서 서로 소통한다? 내게는 소통이 아니라 예술가가 관객과 타협하는 것으로 보인다. 소설가가 글을 몇 줄 써놓고 독자들의 검사를 받는다는 걸 상상이나 할 수 있는가? 평소에 시대와 호흡하고 관객의 욕구를 읽으려고 하는 태도는 물론 중요하다. 그러나 작품에서는 다르다. 작품은 독창적인 상상력으로 관객들과 한 번 붙어보는 승부다. 이 승부가 예술가를 위태롭고도 멋진 직업으로 만들어주는 것이 아닌가. 나는 타협하는 예술가를 예술가라는 이름으로 부르고 싶지 않다.

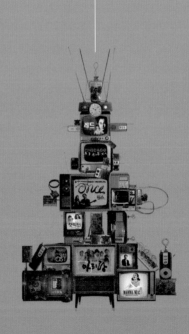

Chapter 5

경영
: 완성된 프로듀서는 없다

어떤 프로듀서가 될 것인가

프로듀서는 기획자로도 불리고, 제작자로도 불린다. 그런데 프로듀서가 정확하게 무슨 일을 하는지는 다들 잘 모른다. 특히 뮤지컬을 포함한 연극에서 프로듀서의 역할은 더 모호하게 느껴지는 것 같다. '조명, 무대장치, 의상 등 각 파트의 수장이 있고, 연출에 배우까지 있는데, 굳이 기획자가 필요할까?'라는 생각이 들 법도 하다. '이런 작품을 하자'라고 작품을 선정하는 사람이 프로듀서인지, 아니면 그냥 돈을 대는 사람이 프로듀서인지 헷갈려 하는 경우도 있다.

우리나라에서 프로듀서라는 개념이 생긴 지는 고작 10년 남짓밖에 되지 않는다. 그나마도 프로듀서라는 직함이 업계에서 '공식적으로' 인정된 역사는 더 짧다. 그 이전에는 극단의 대표가 하던 일인데, 전문화·세분화되면서 프로듀서가 필요하게 된 것이다.

어떤 일을 하든 자기 직업에 대한 명확한 정의를 내릴 수 있어야 한다. 그래야 장기적으로 발전이 가능하다. 그렇다고 직업에 대한 정의를 내리는 데 교과서처럼 정답이 있는 것은 아니다. 각자 자신의 가치관에 따라 다르지만 대략적인 방향은 잡을 수 있다. 우선 감을 잡기 위해 일반적인 프로듀서의 분류부터 보자.

첫 번째는 관리자형 프로듀서다. 공연예술의 인프라인 극장 출신의 프로듀서들 중 이런 유형이 많다. 이들은 극장의 직원인 셈인데 기획공연을 한다든가 좋은 공연을 초청한다든가 하는 일들을 잘한다. 이런 유형은 관리와 경영에는 강하지만 배짱과 예술가적 기질이 부족한 경우가 많다.

두 번째는 기업가형 프로듀서다. 투자회사나 큰 엔터테인먼트 기업에서 일하는 사람들이 대체로 이런 성향이다. 이들은 계산에 빠르고 합리적이다. 수익 창출을 최우선 목표로 두기 때문에 대중적이고 상업적인 작품을 위주로 한다. 지극히 비즈니스적인 마인드로 접근하기 때문에 공연을 작품성보다는 돈벌이 수단으로 전락시킬 위험이 높은 그룹이다. 그래서인지 오랫동안 일을 해도 연극판에 녹아들지 못하는 사람이 많다.

세 번째는 예술가형 프로듀서다. 연극판에서 잔뼈가 굵은 사람으로, 따로 프로듀서 수업을 받은 것이 아니라 현장에서 온몸으로 뒹굴면서 자연스럽게 프로듀서가 된 유형이다. 배고픈 시절을 겪었고 그럼에도 불구하고 연극판을 떠나지 않은 사람들이니만큼 근성이 굉장히 강하고 상업성보다는 좋은 작품을 만들려고 노력하는 사람들이다. 작품에 대한 자존심이 강하고 연극에 대한 사명감을 갖고 있다. 회사나 극장의 자본을 갖고 하는 게 아니라 본인들이 직접 투자를 하기 때문에 한 작품, 한 작품 굉장히 절박하게 현장을 지키는 사람들이다. 안전한 수익 창출을 기대한다면 글쎄, 투자회사에서는 피할 수도 있는 유형이겠다.

프로듀서도 사람이고 사람을 무 자르듯이 딱딱 분류할 수는 없다. 어떤 사람은 예술가적 기질이 있는 관리자형일 수도 있고, 또 어떤 사람은 기업가적 성향이 강한 예술가형일 수도 있다. 가장 이상적인 유형은 각각의 장점만을 갖춘 사람이겠으나 그런 사람은 아주 드물다.

현실에서 보이는 유형들을 염두에 두면서 조금은 이상적일 수도 있는 프로듀서의 정의를 내려보자. 다시 한 번 강조하지만 내가 내리는 정의는 정답이 아니라 하나의 예일 뿐이다. 각자 프로듀서에 대한 자신만의 정의를 찾아야 한다는 점을 명심하자.

프로듀서는 공연으로 돈을 벌지만 돈을 벌기 위해 공연을 하는 사람이 아니다. 프로듀서는 수많은 대중들에게 꿈, 환상, 행복감을 전해주는 직업이다. 관객을 감동시키는 공연을 만들었기 때문에 돈이 생기는 것이지, 돈을 벌기 위해 감동적인 공연을 만드는 것은 결코

프로듀서는 한두 작품으로 되는 것이 아니다.
관객이 만족하고 스스로도 만족하는 작품을 거듭해서 만들어갈 때
비로소 진정한 프로듀서가 된다.

아니다. 행복한 작품, 감동적인 작품을 만들려면 프로듀서 스스로 아름답고 행복한 마음을 가져야 한다. 우울증에 걸린 사람이 다른 사람을 웃길 수 없듯이, 스스로 행복한 마음을 가진 사람만이 관객도 행복하게 할 수 있다. 나는 늘 프로듀서는 대중들에게 삶의 윤활유 역할을 하고, 정서를 풍요롭게 하고, 복잡하고 어지러운 정신을 맑게 해주겠다는 마음으로 일을 해야 한다고 말한다. 그러기 위해서는 프로듀서 자신의 정서가 풍요로워야 하고, 맑은 정신을 유지해야 한다.

진정한 프로듀서는 명함에 '프로듀서'라고 쓰여 있다고 해서 되는 게 아니다. 대단한 성공을 거두었더라도 하나의 작품으로 프로듀서가 되는 것도 아니다. 1, 2년 단기간에 평가를 받는 것이 아니고 한 작품, 한 작품이 프로듀서로서의 정체성을 만들어가는 과정이다. 한 작품, 한 작품을 자신의 인생의 깊이를 만들어간다는 태도로 만들어야 함은 물론이다. 관객이 만족하고 스스로도 만족하는 작품을 거듭해서 만들어갈 때 비로소 진정한 프로듀서가 되는 것이다.

오해가 없길 바란다. '진정한 프로듀서'란 되어가는 과정이지 완성은 없다. 간혹 몇몇 작품을 성공시킨 프로듀서라고 목에 힘을 주고 다니는 사람들이 있다. 마치 문화 권력자인 양 자만하면서 공연예술계의 귀족이 되어 높은 곳에서 군림하려고 한다. 이는 반反예술가적 태도이며, 이런 생각으로는 절대 좋은 작품이 나올 수 없다. 프로듀서가 좋은 작품을 만들기 위해서는 가장 아래에서부터 위까지 조율하고 조정하는 역할을 잘해야 한다. 그래서 내가 내린 프로듀서의 정의는 '가장 낮은 곳에서 가장 먼 꿈을 꾸는 사람'이다.

유정유일惟精惟─. 오직 한 가지 일에 정신과 마음을 쏟아부어 최선을 다한다는 뜻이다. 세상 모든 일이 그렇듯 프로듀서의 일도 고통 없이 안 되고, 즐거움 없이 안 되고, 사람 없이 안 되고, 열정 없이 갈 수 없는 길이다. 이 모든 것들을 감내하겠다는 자세가 있어야 한다. 거기서부터 시작이다.

관객에게 행복과 감동을 전해주려면
프로듀서 자신의 정서가 풍요로워야 한다.

작
품
의
목
표
치
를
│
설
정
하
라

　　　　　연극 〈엄마를 부탁해〉는 소설을
연극으로 만든다는 어려움에도 불구하고 대중적인 성공을 거두었다.
두 달의 공연기간 동안 600석이 넘는 세종문화회관 M시어터의 좌석
이 매진되다시피 했다. 공연이 끝난 후에도 많은 관객이 훌쩍거렸고,
누군가는 집으로 돌아가는 지하철 안에서 참았던 울음이 터졌다고
도 했다. 지금은 늙고 쭈글쭈글한 할머니이지만 그에게도 꽃다운 스
무 살이 있었다는 사실, 엄마에게도 엄마가 필요하다는 사실이 관객
에게 정서적 충격으로 다가왔을 것이다.

　작품성이 떨어진다는 지적도 없지 않았다. 정리가 덜 됐다, 장면이

너무 많다는 것이다. 공연계에 있는 분들이나 연극을 많이 본 분들의 의견이었다. 나는 놀라지 않았다. 그분들의 지적은 옳고 나 역시 공연을 올리기 전부터 알고 있었다. 그런데 내가 보기엔 약점이 아니라 강점이었다. '어느 세대의 누가 보더라도 공감할 수 있는 연극'이 내가 설정한 목표였기 때문이다. 장면을 깔끔하게 정리했다면 연극은 고급스러워질 수 있었지만 그것은 〈엄마를 부탁해〉 초연의 목표가 아니었다. 나는 사람들이 연극을 보고 난 후에 엄마에게도 엄마가 필요하다는 메시지를 안고 가기를 바랐고, 가장 중요한 존재를 잊고 살았던 지난날을 반성할 수 있는 계기가 되기를 바랐다.

재공연의 목표는 '선이 굵고 투박한 스타일의 연극'이었다. 그래서 탤런트 중심이던 초연의 배우들을 연극배우들로 교체했다. 연출 역시 심재찬 연출가에 부탁했고 대본도 연극적으로 바꿨다.

뮤지컬 〈엄마를 부탁해〉에 대해서도 비판이 있었다. 음악 타이틀이 부족하다, 너무 연극적인 뮤지컬이라는 지적이었다. 이번에도 나는 순순히 인정했다. 그렇게 만들려고 했으니까. 오히려 좀 더 악극처럼, 좀 더 신파적으로 만들지 못한 아쉬움이 있었다. 뮤지컬 이후 다시 연극을 올렸다. 재공연과는 다른, 더 연극적인 연극으로 만들기 위해 한진섭에게 연출을 맡겼다.

연극 〈산불〉은 대극장에서 연극을 한다는 이유로 많은 걱정을 들었다. 소극장 연극도 적자를 보기 일쑤인데 투자 규모가 다른 대극장 연극을, 그것도 한 달 동안 한다? 박명성이 망한다면 〈산불〉 때문일 거라는 말도 나왔다. 수익의 측면에서 보면 이 공연은 망한 것이 맞다. 그렇지만 수익보다도 내가 이 공연에서 얻고자 한 목표는 따로 있었다. 소극장 연극과는 다른, 대극장 연극만이 줄 수 있는 감동을 관객에게 선보이겠다, 동시에 대극장 연극의 가능성을 타진해 보겠다, 이것이 연극 〈산불〉에 대한 나의 목표치였다.

그래서 연출을 맡은 임영웅 선생께도 제작비 아낄 생각 마시고 대극장 연극에서만 보여줄 수 있는 무대 메커니즘을 보여주십사고 말씀드렸다. 〈산불〉의 주요 무대장치는 두 개의 산과 두 채의 초가집, 그리고 대나무 밭이다. 선생은 내 고향 해남에서 산 두 덩어리와 동네 하나를 묶어서 살 수 있는 비용을 들여 무대장치를 만드셨다. 〈산불〉을 대극장에서 한다고 했을 때, 거의 유일하게 놀라지 않고 당연한 듯 받아들이셨던 임영웅 선생은 원 없이 대극장 연극의 진수를 보여주셨다. 나는 지금 『엄마를 부탁해』라는 소설이 어떻게 연극과 뮤지컬로 만들어졌는지, 〈산불〉의 무대장치에 들어간 돈이 얼마인지 말하고자 하는 것이 아니다. 각 공연마다 프로듀서로서의 목표치가 있어야 하고, 그것이 작품을 선정한 이후 모든 활동의 기준이 되어야 한다는 점을 말하고 있는 것이다.

작품의 목표치를 설정하려면 먼저 프로듀서가 작품에 대한 해석이 되어 있어야 한다. 뛰어난 연출가에게 맡기면 알아서 하겠지라고 생각할 수 있지만 아니다. 작품의 목표치를 정하고 그것을 잘 구현할 수 있는 연출가를 찾는 것이 프로듀서의 일이다. 연출만 잘 선정하면

나는 〈엄마를 부탁해〉를 악극처럼 만들고 싶었다.
'어느 세대 누가 보더라도 공감할 수 있어야 한다'는 목표가 있었기 때문이다.

나머지는 그가 알아서 하는가? 어떤 경우에 주연 배우를 먼저 정하고 연출을 찾는 경우도 있다.

그래서 프로듀서도 예술가가 되어야 한다고, 콘텐츠의 저장 창고를 가득 채워야 한다고 말하는 것이다. 예술가적 소양이 필요한 이유는 작품을 선정하고 크리에이티브 팀을 구성하는 데에 그치지 않는다. 프로듀서가 그 작품에 대한 꿈을 연출과 배우를 비롯한 스태프들에게 설명할 수 있어야 하고, 그 목표를 향해 잘 항해할 수 있도록 이끌어야 한다. 그것이 어떻게 가능할까? 그 방법은 대화를 통해서다.

두려움을 이기고 설렘을 즐겨라

나를 포함해 많은 프로듀서들이 히트한 레퍼토리를 우려먹고 있다. 재공연 자체가 나쁘다는 말은 아니다. 많은 관객들이 감동한 작품이라면 더 좋은 작품으로 만들어서 기존의 관객과 새로운 관객을 만날 수도 있다. 문제는 '그것만' 한다는 것이다. 히트한 작품, 검증된 작품만 하면 당장은 안전하고 편안하다. 그런데 이게 언제까지 안전할 것 같은가? 고인 물은 썩고 같은 작품만 되풀이하는 프로듀서의 실력은 녹이 슨다. 영혼에도 녹이 슨다. 결국에는 뒤처지고 마는 것이다.

프로듀서는 문화 CEO로서 새로운 콘텐츠를 남보다 먼저 창출하는 혁신 경영을 할 줄 알아야 한다. 누구도 시도하지 않은 새로운 작품을 공격적으로 개발해야 한다. 단기적으로 보면 위험할 수 있다. 지나친 실험 정신으로 관객의 외면을 받을 수도 있다. 그러나 장기적으로는 위험을 감수해야만 살아남을 수 있다.

공연에서는 역발상 전략이 성공할 확률이 높다. 역발상이라는 건 '거꾸로', '남들이 한 번도 시도한 적이 없는', '뭔가 생각을 뒤집어보는' 괴짜 기질을 뜻한다. 남들도 다 하는 걸 하면 뭐 하나. 콘텐츠의 다양성이 힘이다. 새로운 일에 도전하고, 실험적인 작품에 과감한 모험을 감행하면 관객들은 '저 작품이 뭔가' 하고 궁금해질 수밖에 없다.

우리는 가장 품질이 좋은 냉장고를 만들려고 하는 게 아니다. 냉장고라면 기막힌 제품을 만들어놓고 오랫동안 팔아도 된다. 그런데 공연, 예술 작품은 다양성이 생명이다. 각 프로듀서가 독창적인 아이디어로 새로운 작품들을 시도할 때 다양성이 확보된다. 내가 〈맘마미아!〉, 〈시카고〉, 〈아이다〉만 한다면 이게 바람직한 일인가? 프로듀서라는 직함을 가진 내가 존재할 이유가 무엇이 있겠는가.

남들이 가지 않은 길을 갈 때, 거기에 감동이 있고 이야기가 있다. 항상 그렇다. 남들이 가는 길을 따라간 사람들은 감동적인 이야기뿐 아니라 어떤 이정표도 남기지 못한다. 사람들이 잘 가지 않는 오솔길로 갔을 때, 심지어 힘겹게 길을 만들어가며 전진했을 때 이야깃거리가 많은 법이다. 고속도로로 간 사람보다는 시골길로 간 사람에게 더 많은 스토리가 있는 것과 같은 이치다.

공연 예술은 다양성이 생명이다.
새로운 작품을 꾸준히 선보여야 한다.
매번 히트한 레퍼토리만 한다면
프로듀서가 존재할 이유가 없다.

(연극 〈렛미인〉의 한 장면)

물론 새로운 길을 개척하는 것은 어려운 일이다. 누구든지 새로운 길을 갈 때는 두려움을 느낀다. 첫 등교, 첫사랑, 첫 데이트, 첫 출근, 첫 해외여행, 첫 작품 등 낯선 일이 목전에 닥쳤을 때는 내가 잘 해낼 수 있을까 하는 걱정이 생긴다. 때로는 익숙한 길을 두고 새로운 길을 선택했다가 괜히 허송세월하는 건 아닌지 조바심이 나기도 한다.

그러나 두려움만 있는 것은 아니다. 새로운 길에는 두려움과 함께 설렘이 있다. 여기서 두려움을 크게 느끼면 낯선 길을 탐험하는 즐거움이 얼마나 큰 행복인지 잊어버리게 된다. 그 낯선 길에서 생각지도 않았던 행운을 얻게 되는 기쁨도 잊어버리게 된다. 나도 새로운 길을 갈 때는 두렵다. 하지만 설렘에 더 큰 무게를 두려고 노력하면서 나아가려고 한다.

만약 프로듀서라는 이름으로 살아가면서, 지금 하고 있는 일이 편하게 느껴진다면 뭔가 문제가 있는 것이다. 주변의 걱정을 듣지 못하면 그것 역시 문제가 있는 것이다. 편안하고 익숙한 길에 안주하고 있다는 뜻이기 때문이다. 누구도 '이제부터 과거에 머물러야겠다'라고 다짐하지 않는다. 젊었을 때는 과감한 시도를 하던 사람도 가진 것이 많아지고 그것을 지키고 싶다는 생각이 더 커지면 자기도 모르게 안전해 보이는 길로 가려고 한다. 사람인 이상 자연스러운 반응이다. 이 자연스러움을 거스르고 프로듀서로서의 자존심을 지키려면 스스로를 경계하고 마치 20대처럼 새로운 콘텐츠를 흡수해야 한다.

그렇게 해야 연륜에서 얻은 노련함과 젊은 사람들보다 더 젊은 정신을 유지할 수 있다.

나는 지금 프로듀서의 정체성을 묻고 있다. 히트한 작품만 하는, 프로듀서 같지 않은 프로듀서가 될 것인가, 아니면 자기만의 길을 개척하는, 프로듀서다운 프로듀서가 될 것인가?

〈맘마미아!〉가 10년 넘게 롱런할 수 있는 비결을 꼽으라면
작품의 질적 수준을 유지해왔다는 것이다.

투명한 경영이 | 신뢰의 첩경이다

요즘 연극이나 뮤지컬 한 작품을 만들기 위해서는 막대한 제작비가 투자된다. 이런 현실을 감안할 때 대다수 프로듀서는 투자 유치에 적극적으로 나설 수밖에 없는 상황이다. 견물생심이라 했던가. 많은 자금이 생기니 잿밥에 눈이 멀어버리는 일이 종종 있다. 몰지각한 몇몇 프로듀서가 투자금을 자기 돈 쓰듯이 펑펑 쓰다가 형사처벌까지 받는 일은 드물지 않게 일어난다. 회사 돈과 투자받은 돈을 내 돈과 구분하지 않고 주먹구구로 집행한 결과일 것이다. 투자받은 돈은 작품의 수준을 높이기 위해 써야만 투자 환경이 좋아진다. 자금의 투명성을 확보하는 것은 프로듀서로서의 첫 번째 덕목이다. 프로듀서가 한 번 신뢰를 잃어버리면 다시는 이 바닥에 발을 들여놓기 어렵다.

이런 일이 벌어지면 모르는 사람들은 공연계 전체를 싸잡아 '못 믿을 사람들, 부도덕한 사람들'이라며 비난한다. 미꾸라지 몇 마리가 개울물 전체를 흐리는 형국이다. 물론 몇몇 미꾸라지들 때문에 전체가 욕먹는 것은 부당한 일이지만, 그렇다고 억울한 감정만 품고 있을 수는 없다. 나 하나 투명하게 해봐야 소용없다는 생각보다는 내가 먼저 깨끗해야 한다는 자세가 필요하다. 이럴 때일수록 도덕적이고 깨끗한 경영을 해야 한다. 그렇게 해야 프로듀서에 대한 믿음, 공연기획사에 대한 믿음이 깊어지면서 투자회사도 늘어난다. 투자를 받지 못해서 무대에 올리지 못하는 작품들이 있음을 감안하면 투명한 회계와 성숙한 투자 문화는 예술경영에 있어서 무엇보다 중요하다.

앞에서도 잠깐 얘기했지만, 내가 어머니에게 물려받은 철학이 '남들에게 손가락질 받는 일을 해서는 안 된다'는 것이다. 가장 쉬운 일이면서도 가장 지키기 어려운 일이라는 것을 살아가면서 거듭거듭 느끼고 있다.

프로듀서도 그래야 한다. 사실 투명한 회계는 기본적인 소양이다. 프로듀서에 대한 기본 개념만 갖고 있다면 저지르지 않을 일이다. 프로듀서는 돈 문제는 물론이고 다른 문제에 있어서도 다른 사람들의 입길에 오르내리지 말아야 한다. 한 분야에서 인정을 받기 위해서는 엄청나게 험난한 길을 헤쳐가야 한다. 프로듀서도 공연계에서 그 능력을 인정받기까지 많은 시간과 노력이 필요하나. 때로는 좌절감도 느끼고 사람들에게 상처를 받기도 한다. 이런 역경들을 이기고 차근차근 성장해야 한다. 그렇게 수십 년 동안 노력한 모든 것이 비도덕적인 문제로 인해 한 방에 무너질 수도 있는 것이다.

실수를 하지 않는 사람은 없다. 누구나 실수를 통해 성장한다. 그러나 위치가 올라갈수록, 어떤 단체의 대표 자리에 가까워질수록 엄격한 잣대가 적용된다. 한 사람의 개인으로 보면 이해되거나 용서될 수 있는 일도 프로듀서의 자리에 있을 때는 용인되지 않는다. 프로듀서의 자리가 그만큼 중요하기 때문이다. 앙상블 열 사람의 실수보다 연출가 한 사람의 실수가 작품에 더 큰 악영향을 미치는 것처럼 프로듀서 한 사람의 실수나 비도덕적 행동이 극단 전체의 운명을 좌지우지한다. 나아가 공연계 전체에 악영향을 끼친다. 그래서 스스로에게 추상같이 엄격해져야 하는 것이다.

예술가와 소통할 수 있는가

작품을 만들다 보면 골치 아픈 문제들이 많이 발생한다. 문제에 직면했을 때는 머리가 아프지만 지나고 보면 그것이 재미이자 보람이고 프로듀서로 살아갈 수 있는 이유이기도 하다. 프로듀서만이 해결할 수 있는 문제가 없다면 프로듀서는 존재할 필요가 없거나 아주 하찮은 존재가 될 것이다.

프로듀서를 골치 아프게 하는 문제는 다양하다. 거듭 수정되었음에도 대본이 마음에 들지 않을 경우, 작품을 시작할 때부터 생각해 두었던 연출가와 일정이 맞지 않을 경우, 딱 맞는 배우를 섭외했는데 갑작스러운 일이 생겨 출연하지 못하게 되는 경우 등등이 대표적인 예일 것이다. 그 밖에도 작품을 민들어가는 와중에 애초에 구상했던 것과 다른 방향으로 간다거나, 캐스팅한 배우가 기대했던 연기를 보여주지 못할 때도 있다.

어떤 문제든 해결의 시작은 사람을 만나는 것이다. 대본이 마음에 들지 않으면 작가를 만나야 하고, 일정이 맞지 않는 연출가를 대신할 누군가를 추천받으려고 해도 사람을 만나야 한다. 작품을 만들어가는 중에는 연출가, 배우, 스태프를 계속해서 만나야 한다. 그냥 만나는 것만이 능사가 아니다. 소통이 필요하다. 다양한 생각을 갖고 있는 사람들의 생각을 조율하는 소통의 힘이 필요하다.

그런데 프로듀서가 작품에 대해 잘 모른다면, 무대 언어를 전혀 이해하지 못한다면 어떤 일이 벌어질까? 프로듀서라는 자리를 이용해 일방적으로 자기주장만 내세울 수 있다. 또 다른 가능성은 다른 사람의 말에 휘둘리거나 작품을 만드는 과정에 일체 참여하지 않을 수도 있다. 대형 뮤지컬의 경우 스태프, 배우 등 작품에 참여하는 사람의 수가 100명이 넘는다. 이 모든 사람과 작품에 대해 이야기하면서 일방통행을 하거나 휘둘리기만 한다면 제대로 된 작품이 나올 수 없다. 프로듀서는 작품에 대한 정확한 정보, 지식, 미래의 진로에 대한 명확한 디자인을 제시해 그들의 의견을 우리 모두의 의견으로 만들어야 한다.

이는 단순히 작품에 대한 외적인 지식만을 의미하지는 않는다. 작품에 대한 해석이 정확해야 하고, 지식이나 정보도 가장 많이 갖고

프로듀서는 사람들을 만나고 서로의 생각을 조율할 줄 알아야 한다.
그러자면 작품에 대한 이해와 예술가적 소양이 있어야 한다.

(연극 〈가을 소나타〉의 한 장면)

있어야 하며, 동시에 그것을 가슴으로 이해할 수 있는 예술가적 소양도 있어야 한다. 그래야만 작품을 무대에서 구현하는 예술가와의 소통이 가능해진다. 예를 들어 연출이 작품에 대해 다른 방향으로 가려고 할 때, 프로듀서가 작품을 이해하고 있어야 대화가 가능하고 조율이 가능하다.

프로듀서는 무대에 올릴 작품을 선정하는 사람이다. 따라서 가장 먼저 그 작품과 만나는 사람이다. 내가 아는 사람을 다른 사람에게 소개해줄 때 그에 대해 잘 알고 있어야 제대로 된 소개가 가능한 것처럼 작품에 대해 잘 이해하고 있어야 작품에 대해 오해를 할 때 그것을 바로잡아줄 수 있다.

예술가적 소양은 마음먹는다고 가질 수 있는 것이 아니다. 자신이 선택한 작품만 연구한다고 되는 것도 아니다. 오랜 시간, 넓고 깊은 수양이 있어야 한다. 공연예술, 전람회, 음악회, 문학 등 문화적인 안목, 지식, 품위 있는 매너, 세련된 언어 등은 문화생활을 통해서 축적된다. 업종에 상관없이 문화 콘텐츠의 저장 창고가 가득 채워졌을 때 비로소 사람들의 정서를 풍요롭게 하는 문화적인 자산을 만들어낼 수 있는 능력이 생기는 것이다. 그랬을 때 프로듀서는 문화 CEO로서의 가치를 인정받게 된다.

리더십은 현장을 읽는 안목에서 시작된다

　　　　　　　　작품을 만드는 제작 현장은 수많은 스태프, 배우가 분주하게 움직이는 공간이다. 언뜻 자유분방해 보이지만, 가장 긴장되고 집중력이 발휘되어야 하는 살아 있는 공간이다. 그러다 보니 어떤 공연에서는 스태프나 배우 사이에 불화가 생기기도 하고, 때로는 몸과 마음이 지친 배우가 중도하차 하는 일도 생긴다. 서너 명 있는 친구들 사이에서도 갈등이 생기는데 100명이 넘는 사람이 모였으니 갈등이 생기는 것은 어쩌면 당연한 일이다.

　　모든 인간관계가 그렇듯, 처음에는 작은 균열로 시작된다. 그러다가 그 균열이 표면으로 드러났을 때에는 되돌리기에 너무 늦어버린 경우가 많다. 갈등이 있다는 것은 거기에 에너지가 소모된다는 뜻이다. 작품에 쏟아야 할 에너지가 낭비되고 있는 것이다.

프로듀서는 이 미세한 균열을 간파해야 한다. 균열을 발견하되 그것을 대하는 태도 역시 중요하다. '왜 쓸데없는 데 에너지를 낭비하느냐'고 다그쳐서는 안 된다. 서로 다른 징서와 의견을 갖고 있는 사람들이 만난 만큼 갈등은 당연한 일이라고 여겨야 한다. 프로듀서의 역할은 갈등을 묻어버리는 것이 아니라 조율을 통해 작품 진행이 원활하게 되도록 하는 것이다.

서로 다른 정서를 하나로 통합하기 위해서는 사람들의 마음을 알아야 한다. 프로듀서가 현장을 장악하기 위해서는 강력한 리더십도 필요하지만, 자상한 배려와 이해심으로 예술가들의 생각을 바꾸고 믿음을 주는 통합의 리더십이 필요하다.

우리는 흔히 리더십이라고 하면 앞에서 이끌고 나가는 것만 생각한다. 때로는 강제력이 필요하다는 생각도 한다. 그러나 진정한 리더십은 끌고 나가는 것이 아니라 구성원 모두가 스스로 리더가 되도록 하는 것이다. 만약 리더가 권위로 구성원을 끌고 나가려고 하면 자발적인 협력에 의한 아이디어 창출은 기대하지 않는 것이 좋다. 아이디어 창출의 전제 조건이 자발성이기 때문이다. 우리가 따로따로 일하지 않고 함께 모여서 일을 하는 것은 조화로운 협력의 가치를 알기 때문이다. 개개인의 합보다 더 큰 가치를 창출할 수 있기에 함께 작업을 하는 것이 아닌가. 협력 작업을 할 때, 개인으로서의 나 자신이

아이디어 창출의 전제 조건은 자발성이다.
구성원 모두가 스스로 리더가 되게 하라.

(뮤지컬 〈고스트〉의 한 장면)

누구인가는 중요하지 않다. 100명이 넘는 스태프, 배우 등 모든 사람과 함께 있을 때 자신의 역할이 무엇인가가 중요하나. 리더는 여러 관계들을 종합적으로 고려하고 신속히 판단을 내려야 한다. 그래야 모든 일이 원활하게 돌아간다.

리더는 어떤 상황에서도 끝까지 책임진다는 정신으로 무장된 사람이다. 회사를 위해서, 월급을 위해서가 아니라 자기 자신을 위해 일하는 사람이다. 누구의 일을 돈 받고 대신 해주는 것이 아니라 바로 자신의 일이라고 생각해야 한다. 구성원 모두가 자신의 일에 대한 자부심과 쾌감을 느끼게 해야 구성원 스스로 기발한 상상력을 발휘하고 아이디어의 창고를 여는 것이다.

리더는 강제력이 있는 사람이 아니라 영향력이 있는 사람이어야 한다. 강제력은 그 사람의 행동을 바꿀 수는 있지만 마음은 바꾸지 못한다. 우리가 하는 일은 몸만 쓰면 되는 일이 아니다. 영혼으로 움직이고 그 움직임으로 관객의 영혼을 움직이는 예술가들이다. 그런 사람들과 일을 하면서 그 마음을 이해하지 못하고 강제력만 동원한다면 관객의 마음을 움직이는 작품을 만들어낼 수 없다.

갈등이 생길 때 가장 쉽고 어리석은 방법은 사람을 버리는 것이다. 자동차는 자동화기기가 생산할 수 있지만 공연은 다르다. 사람으로 시작해서 사람으로 끝난다. 곧 사람은 회사의 미래와 희망이며 보물 같은 존재다. 뭔가 잘못했다고 질책하고 추궁하기보다는 성취감을 느낄 수 있도록, 그 보물이 가진 고유의 빛을 낼 수 있도록 적극 지지해주어야 한다.

공연계도 이제 강제에 의해 인재를 관리하는 낡은 방식을 던져버릴 때가 됐다. 과거에는 똑같은 방식으로 일해서 최고의 효율을 내야 했다면 지금은 각자의 개성으로 독창적인 결과물을 내놓는 것이 중요한 시대가 되었다. 일반 기업이 그런데 공연계는 오죽하겠는가. 우리의 목표는 업무 스타일이 아니라 작품이다. 구성원이 개방적으로 서로의 협력과 공유를 통해 만들어내는 앙상블이야말로 가장 경쟁력 있는 조직의 참모습이다.

현장을 읽어내는 안목, 갈등을 조율해 기막힌 앙상블을 만들어내는 리더십은 책에서 배울 수 있는 것이 아니다. 물론 이론으로 배울 수는 있겠지만 결국에는 현장에서 해결해야 한다. 많은 경험을 바탕으로 예술가를 존중하고 신뢰하고 그들과의 믿음을 통해서 얻어지는 것이다.

시대의 | 트렌드를 읽어라

　　　　　　　　　　월요일에서 일요일까지, 드라마를
보면 늘 사극 한두 개쯤은 있다. 수백 년 전에 있었던 일인데도 시청
자들은 때로는 가슴 졸이고, 때로는 분노하고, 때로는 공감하면서
본다. 반면 현대의 이야기인데도 전혀 공감하지 못하는 드라마도 있
다. 이 차이는 어디에서 오는 것일까?

　　결론은 현시대와의 호흡이다. 역사물을 하더라도 그 시대의 이야
기가 오늘날 우리에게 어떤 의미와 공감을 줄 수 있다면 시대와 호흡
하고 있는 것이다. 반면에 현대물이라 하더라도 관객이 듣고 싶은 이
야기가 아니라 자신이 하고 싶은 이야기만 한다면 혼자만의 호흡을

하고 있는 것이다.

요즘 관객은 어떤 환상을 갖고 있고 어떤 이야기에 목말라하고 어떤 이야기에 열광할까? 어떤 이야기가 관객에게 환상을 줄 수 있을까? 과연 사람들을 감동시키고 흥분시킬 수 있는 콘텐츠는 무엇일까? 프로듀서는 끊임없이 관객에게 환상을 줄 수 있는 스토리를 찾는 데 골몰하고 트렌드의 흐름을 읽고 있어야 한다. 여기서 환상은 허황된 것이 아니라 꿈, 카타르시스, 즐거움, 정서적 환기 등을 종합하는 말이다.

유형은 변한다. 관객이 듣고 싶은 이야기도 변한다. 관객이 보고 싶은 형식도 변한다. 우리 사회가 어떤 문제를 안고 있는지, 우리 시대를 살아가는 사람들이 어떤 아픔을 겪고 있는지, 어떤 문제를 작품으로 만들었을 때 사회성과 시사성이 있을지 끊임없이 공부하고 함께 호흡해야 한다.

그렇다고 트렌드를 맹목적으로 따라가라는 것은 아니다. 트렌드를 읽되 한 걸음 앞서 나가면서 유행을 선도할 수 있어야 한다. 놀랍게도, 관객은 자신이 보고 싶은 공연이 무엇인지 정확하게 알지 못한다. 공연을 보고 난 다음에야 자신이 원했던 무대인지 아닌지 판단할 수 있다. 마치 식당에 가서 "내가 뭘 먹고 싶은지 모르지만 내가 원하는 메뉴를 가져와봐요"라고 말하는 것과 다르지 않다.

그러니까 프로듀서는 관객이 원하는 것을 그들 자신보다 더 잘 알아야 한다. 그래서 어려운 것이다. 매 공연마다 피를 말리는 '관객과

우리 사회가 어떤 문제를 안고 있는지
어떤 아픔을 겪고 있는지
끊임없이 공부하라.

(연극 〈아버지와 나와 홍매와〉의 한 장면)

의 승부'를 벌여야 하는 것이다. 지름길은 없다. 사람 그 자체에 대한 탐구와 연민, 공연된 작품에 대한 사람들의 평가와 반응, 미술, 음악, 문학을 비롯해 드라마와 영화까지 문화 전반에 대한 탐닉 등을 포함해 사회 전반에 대한 지속적이고 진지한 관심이 필요하다. 이런 '훈련'이 쌓여 통찰력을 만들어낸다.

그렇다고 해도 늘 흥행에 성공할 수 있는 것은 아니다. 세상에는 여전히 성공하는 작품보다 실패하는 작품이 더 많다. 이것이 내가 완성된 프로듀서란 없다고 말하는 이유이자 그럼에도 불구하고 프로듀서로 살아가는 이유다. 성공할 수 있기 때문에 연극쟁이로 살아가는 게 아니라 '이 시대를 살아가면서 고통받고 상처받고 좌절한 사람들을 위로하고, 잘못된 사회를 고발하고, 영혼을 치유하는 정신적인 벗이 되어주는 성공'을 거두어야 하기 때문에 연극쟁이로 살아가는 것이다.

시련에 맞서

정면으로 돌파하라

오랫동안 우리는 정해진 답을 맞히는 훈련을 해왔다. 고등학교까지 12년을 그렇게 배웠고 대학에서도 크게 다르지 않았다. 이렇게 할 때는 다른 사람들과의 경쟁이 필요 없었다. 내내 입시경쟁에 내몰려왔는데 무슨 소리인가 할 것이다. 내가 하려는 말은 경쟁자에 따라 정답이 달라지는 경쟁을 하지 않았다는 뜻이다. 학교에서는 경쟁자가 아무리 많아도 정답은 달라지지 않는다. 그런데 사회에서는, 특히 공연계에서는 같은 답을 쓴 사람이 많으면 그것은 오답이 된다. 모두가 비슷한 주제와 형식의 연극을 무대에 올리는 상황을 생각해보면 쉽게 이해가 갈 것이다.

우리나라는 정보강국이다. 덕분에 젊은 세대는 더욱 다양한 소통의 장을 가지게 되었다. 이는 장점도 있지만 문제점도 있다. 사람과의 대면접촉이 부족하기 때문에 경쟁자를 전혀 알 수가 없고 그 사람이 리더가 됐을 때 상대방의 정서를 모르는 문제가 생길 수 있다. 오죽하면 문자로는 수다를 떨다가 막상 만나면 휴대폰만 쳐다보고 있다는 말까지 있을까.

공연시장은 치열하고 전투적이다. 승자독식의 게임이다. 나눠먹고 분배하는 것이 용납되지 않는 것이 공연시장이다. 이런 상황에서 학교에서 배웠던 것처럼 정답을 찾다가는 가장 나쁜 답을 적을 확률이 높다. 달리 말하면 혼자서는 잘하지만 전쟁터에서 상대가 있을 때 경쟁하는 훈련이 되어 있지 않다는 것이다.

뮤지컬만 1년에 100개 이상의 작품이 나온다. 양적으로 팽창되어 있기 때문에 작품이 살아남으려면 생존경쟁의 정신으로 무장하지 않으면 어렵다. 단단한 맷집으로 무장해야 한다. 일에 관한 한 야성적인 정신이 몸에 배어 있어야 하고, 공격적이고 전투적인 추진력과 돌파력이 필요한 사회다. 소통은 '아군'끼리만 하는 게 아니다. '적군'과의 소통도 필요하다. 이것이 지피지기다. 온실 속에서 정답을 찾아가는 자세로는 단단한 맷집을 기를 수 없다. 야생에서 사람을 만나고 그들과 어울리고 경쟁할 때, 강인한 정신을 갖춘, 공연계의 정글에서 살아남을 수 있는 작품을 만들 수 있다.

내가 알기로 현재 성공했다는 프로듀서 중 내내 승승장구해온 사람은 없다. 나를 포함해 모두들 한두 번은 그야말로 지옥의 문턱까지 갔다 왔다. 앞으로 프로듀서의 길을 걷게 되면 상상조차 하지 못한 시련을 만날 수 있다. 그런 일을 만났을 때 비교적 쉬운 출구를 찾은 사람, 무대나 주변 사람보다 자기 자신을 지키려고 애썼던 사람은 다시는 공연계로 돌아오지 못했다. 오히려 당시에는 더 어려운 길이었지만 정도를 밟으면서 시련을 이겨온 사람이 이직까지 공연계에서 활동하고 있다. 맷집은 단순히 시련을 겪는다고 해서 길러지지 않는다. 시련을 정면으로 돌파하는 사람에게 주어지는 것이다.

승부가 끝날 때까지는 끝난 것이 아니다. 절대로 포기하지 마라. 이루고자 하는 일을 해낼 때까지 멈출 줄 모르는 열정으로 행진하라. 그러자면 자기 자신부터 다스릴 줄 알아야 한다. 성공과 실패는 종이 한 장 차이다. 실패했다고 포기하거나 성공했다고 안주하면 안 된다. 승부는 여기에 달려 있다. 흥행에 실패했다고 주저앉느냐, 아니면 새로운 도전을 하느냐. 그래서 이 일은 끈기를 갖고 갈 수밖에 없다. 승부가 날 때까지 절대로 포기하지 말아야 한다.

작품 판단은 오직 │ 관객의 몫이다

큰마음 먹고 비싼 텔레비전을 샀다고 하자. 설치를 하고 전원을 켰는데 잡음만 나올 뿐 화면이 잡히지 않는다. 그러면 우리는 당장 판매처 혹은 구입처에 항의를 할 것이다. 이때 우리는 텔레비전을 만든 사람의 노고나 상품 설명을 해준 사람의 친절 따위는 생각하지 않는다. 문제는 오로지 불량 텔레비전뿐이다.

공연 역시 마찬가지다. 우리가 고품질의 텔레비전을 원하는 것처럼 관객은 수준 높은 작품을 원하고 기다린다. 관객은 배우가 얼마나 많은 땀을 흘렸는지, 연출가가 얼마나 많은 밤을 새웠는지, 프로듀서가 얼마나 많은 사람과 이야기했는지 같은, 힘들게 만든 과정을 이해하려 하지 않는다. 이해할 필요도 없다. 관객은 결과만 삿고 냉정하게 평가한다. 배우의 땀, 연출과 프로듀서의 노고는 오직 작품이 마음에 들었을 때 부가적으로 관심을 갖는 것이다. 프로듀서는 시시콜콜 관객에게 이해를 구하려 해서는 안 된다. 프로듀서가 관객에게 말할 수 있는 언어는 오직 작품뿐이다.

관객에 비해 제작되는 뮤지컬이 많기는 하지만 여전히 개발할 수 있는 관객은 무궁무진하다. 무한히 개발해야 하는 것이 프로듀서의 임무이기도 하다. 새로운 관객 개발의 첨경 역시 작품이다. 좋은 작품은 충성도 높은 마니아 그룹을 만들고, 그 마니아들이 입소문을 퍼뜨리면 뮤지컬에 관심이 없던 관객도 극장을 찾게 된다. 그리고 이들 역시 마니아가 된다면 공연시장은 폭발적으로 성장할 것이다. 좋은 작품이 축적되면 그것을 만든 기획사에 대한 신뢰가 쌓이면서 선순환 구조를 이루게 된다.

화려한 수사로 관객을 현혹시키려고 해서는 안 된다. 오로지 작품으로만 승부하겠다는 정신, 최고의 홍보 전략은 최고의 작품이라는 사실을 늘 잊지 말아야 한다. 물론 적절한 홍보와 마케팅 전략은 더 많은 관객을 끌어올 수 있다. 그러나 이 역시 작품이 바탕이 되어야 한다. 기막힌 홍보 전략으로 초기에 관객을 모은다고 해도 작품이 나쁘면 그만큼 빨리 그에 대한 소문이 나기 때문이다.

〈맘마미아!〉는 웨스트엔드에서 흥행 돌풍을 일으킨 작품이다. 이

처음부터 대중성을 갖고 태어나는 작품은 없다.
대중성이든 예술성이든 만드는 사람들의 노력에 의해서 만들어지는 것이다.
그만큼 작품을 만드는 과정이 중요하다.

(뮤지컬 〈맘마미아〉의 한 장면)

럴 때 우리는 "흥행성은 담보된 작품이다"라는 말을 하곤 한다. 그런데 정말 그럴까? 영국에서 인기를 끈 작품이라고 한국 관객도 좋아할까? 영국과 한국의 문화적 차이를 제대로 소화시키지 못했다면 생뚱맞은 작품이 될 수도 있었다. 배우들이 연기와 노래를 못했다면 엉터리 뮤지컬이 될 수도 있었다. 내가 〈맘마미아!〉를 선택한 것은 '성공할 것 같다'라는 감이 있었기 때문이지 '이 작품은 대중성이 있다'라고 판단했기 때문은 아니었다.

달리 말하면 대중성에 대한 판단은 오로지 관객의 몫이라는 것이다. 관객이 보고 좋아서 또 보고 소문을 내면서 흥행이 됐을 때 비로소 대중성을 갖는 것이라고 생각한다. 작품이 태어나기도 전에 이거는 상업적인 작품, 저거는 예술적인 작품이라고 규정하는 것 자체가 난센스다.

우리가 〈맘마미아!〉를 올렸을 때 사람들은 이 작품에 대해서 잘 몰랐다. 〈렌트〉도 마찬가지였고 그 외 많은 작품들이 그랬다. 그 나라에서는 아무리 유명한 작품이라도 우리 관객에게 사전 정보가 없으면 새로 시작하는 작품이나 마찬가지다. 처음부터 대중성을 갖고 태어나는 작품은 없다. 대중성이든 예술성이든 만드는 사람들의 노력에 의해서 갖춰지는 것이다.

예를 들어 진중한 주제를 가진 무거운 작품도 대중성을 확보할 수 있다. 관객이 "머리가 묵직하지만 정말 좋았다"라고 한다면 대중성이 있는 것이다. 예술성이 강한 작품이라고 해서 관객이 들지 않는 것도 아니고 대중적이라고 해서 관객이 많이 찾아오는 것도 아니다. 예술성과 대중성은 따로 가는 것이 아니라 함께 가는 것이다. 작품이 태어나기 전에는 아무도 모른다. 판단은 관객의 몫이다. 그러므로 프로듀서는, 배우는, 스태프는, 최대한 작품성이 있는 작품을 만들고, 그 판단은 관객의 몫으로 돌려야 한다.

프로듀서는 가능성의 씨앗을 보고 작품을 선택한다. 그 씨앗을 제대로 키우는 건 프로듀서와 배우, 스태프의 몫이다. 그리고 관객이 마지막 판단을 내리는 것이다. 프로듀서가 제2의 창작자라는 것은 작품의 씨앗을 가지고 좋은 작품이라는 커다란 나무로 키워내야 하기 때문이다.

프로듀서는 제2의 창작자인 만큼 침몰해가는 작품도 살려내는 용기와 도전 정신이 필요하다. 흑막 뒤의 마술사, 관객의 가슴에 불을 지르는 정신적인 방화범 역할을 해야 한다. 초연에 실패한 작품이라고 대중적으로 성공할 가능성이 전혀 없을까? 이럴 때 새롭게, 훨씬 더 수준 높은 작품으로 재탄생시키는 것이 프로듀서의 역할이다. 이 역시 작품을 만들어가는 과정에서 대중성, 예술성이 갖춰지기 때문에 가능한 일이다. 물론 최종 판단은 관객이 한다. 〈갬블러〉는 초연 때 내게 큰 실패를 안겨주었지만 다시 올렸을 때는 성공했다. 〈댄싱 섀도우〉는 공연 당시 관객의 외면을 받았지만 다시 원작으로 돌아가 〈산불〉이라는 연극으로 공연해 대극장 연극의 가능성을 보여주었다.

프로듀서는 대본을 보고 '이건 흥행이 되겠다'거나 해외 작품을 보

〈맘마미아!〉 투어팀 공연으로 우리 배우들의 수준이
세계 수준에 도달했다는 것을 확인할 수 있었다.

고 '이건 무조건 된다'라고 섣불리 판단해서는 안 된다. 그 작품을 우리 사회에 내놓는 의미를 생각하고 작품을 만드는 과정에서 있을 어려움을 예측하는 것이 좋다. 그런 다음 대본이 가진 힘을 무대로 옮기는 작업, 해외의 정서를 우리 정서에 맞게 변화시키는 작업에 몰두해야 한다. 진인사대천명이라는 말처럼 프로듀서로서 할 수 있는 모든 일을 다 하고서 관객의 판단을 기다리면 될 일이다.

우리 관객부터 | 사로잡아라

　　간혹 "이 작품으로 세계시장에 진출하겠다"라는 인터뷰를 보곤 한다. 그렇게 하면 한국 관객의 관심을 끌어 흥행에 도움은 되겠지만, 그들의 말이 그대로 실현된 예는 극히 드물다. 욕심내서 열심히 만들었다는 건 알겠지만, 세계시장이 그렇게 만만하지 않다는 것을 깨달아야 한다.

　　하나의 작품이 탄생하기까지의 과정을 역으로 추적해보자. 어떤 주제, 어떤 이야기에 감동한 작가가 작품을 쓴다. 그 다음에는 프로듀서가 그 작품을 보고 감동한다. 그 다음은 연출이 감동하고 그다음은 배우가 감동해야 한다. 스태프가 작품을 만드는 과정에서 감동하고 마침내 관객이 감동한다. 그 감동이 국경을 넘었을 때 글로벌한 작품이 탄생하는 것이지 처음부터 세계인을 감동시키는 작품은 없다.

작품을 글로벌화 한다는 것이 세계인의 입맛에 맞춰야 한다는 뜻은 아니다. 처음부터 세계인을 만족시키겠다는 발상으로 시작하면 어느 누구도 만족시키지 못하는 작품이 되어버린다. 나 스스로 이런 실패를 경험해봤기에 자신 있게 이야기하는 것이다. 〈댄싱 섀도우〉는 시작부터 해외 유명 아티스트들과 함께한 작품이다. 영어권 뮤지컬 시장에 진출하기 위해 워크숍도 런던에서 진행했다. 당시에는 영어권뿐 아니라 아시아 뮤지컬 시장에 대한 전략도 세우고 있었다. 그러다 보니 보편성이 강조되면서 원작이 가지고 있는 한국적인 정서가 희석되어버렸다. 세계를 감동시키려다 한국 관객도 감동시키지 못한 결과를 낳은 것이다.

소박하게 시작한 꿈이 큰 꿈이 되듯이, 우선은 우리나라 사람이 공감하고 감동하고 즐거워하는 작품을 만들어야 한다. 그런 다음에야 해외에 나가고 라이선스를 수출할 수도 있는 것이다. 처음부터 이 작품은 해외에 진출해야겠다고 하는 건 그 사람의 생각이고 욕심일 뿐이다. 우리 관객이 공감하지 않으면 다른 나라 관객도 공감하지 않는다.

내가 아끼는 연출가 중에 고선웅이 있다. 〈마리화나〉, 〈강철왕〉, 〈락희맨쇼〉, 〈칼로막베스〉, 〈푸르른 날에〉, 〈조씨고아〉에 이어 뮤지컬 〈아리랑〉까지, 희곡도 쓰고 연출도 하는 그는 묵직한 주제를 기발하고 독특한 상상력으로 풀어내고 있다. 5·18을 〈푸르른 날에〉라는 신파극으로, 맥베드를 〈칼로막베스〉라는 '스타일리쉬 무협 액션극'으로 담아내는 그의 과감한 상상력은 파격적이되 억지스럽지 않고 재미있되 가볍지 않다. 모든 독특한 작품이 그렇듯 그의 작품은 호불호가 극명하게 갈린다. 확 좋아하거나 확 싫어하는 것인데 나는 그를 확 좋아하는 부류다.

'관객과 타협하지 않고 그들과 승부하면서 자기 갈 길을 간다, 자기만의 확실한 색깔이 있다, 기막힌 이야기를 기막히게 풀어낸다.'

이런 점 때문에 내가 고선웅을 좋아한다. 가장 전통적이라 할 수 있는 소설 『아리랑』을 뮤지컬로 만들면서 가장 파격적이라고 할 수 있는 연출가에게 맡긴 것도 이런 이유에서다. 전통적인 것을 전통적으로 풀어내면 그 따분함을 어떻게 할 수 없기 때문이다.

아직 젊다는 점에서 그에 대한 내 기대, 연극계의 기대가 크다. 벌써 '고선웅식 연출 문법'이라는 평가를 듣는다. 신인의 재치가 아니라 여러 작품에서 내공을 보여줬기에 섣부른 기대는 아니다. 기대가 되는 연출가이자 든든한 후배다.

여기저기서 칭찬을 받는 고선웅에게 내 칭찬까지 보탤 필요는 없다. 내가 말하고자 하는 것은 고선웅처럼 파격적인 상상력을 파격적으로 시도하는 가슴 뛰는 젊은 예술가가 아직까지는 적다는 것이다. 혁신적인 젊은 예술가를 더 많이 만나고 싶다. 훌륭한 창작 콘텐츠를 만들겠다는 예술가들과 독창적인 컴퍼니를 이끌겠다는 예술경영

아직까지는 고선웅처럼 파격적인 상상력을 자유롭게 시도하는
젊은 예술가가 적다. 지금 대한민국은 혁신적인 젊은 예술가들이
우후죽순으로 나타나주기를 애타게 기다리고 있다.

가들이 다양한 작품을 만들어내고 있고 그것이 위안을 주지만 젊은 예술가들의 다수는 대중들의 입맛에 맞춘 로맨틱 코미니나 쇼직이고 오락적인 작품을 만드는 데 급급한 실정이다.

불과 20년 전인 1990년대 중반까지 우리 뮤지컬의 수준을 되돌아보자. 라이선스 계약도 없이 외국에서 몰래 가져온 작품을 올렸다. 출연도 하지 않는 다른 배우의 소리를 틀어놓고 입모양만 뻥긋거리는 공연을 했다. 그래도 관객은 불평하지 않았다. 뮤지컬이라는 장르가 생소했기에 으레 그런 거라 생각했기 때문이었다.

지금은 어떤가? 높은 수준의 명품 뮤지컬에 길들여진 관객들은 웬만한 수준의 작품은 뮤지컬로 생각조차 하지 않는다. 그런데도 현실은 웬만하거나 그보다 못한 창작 뮤지컬이 다수를 이루고 있다. 이대로 간다면 미래의 한국 뮤지컬은 어떻게 될까? 생각만 해도 암담해진다.

왜 대한민국에서는 우리 색깔에 맞는 작품으로 우리 관객을 감동시키는 창작 콘텐츠가 나오지 않는 것일까? 우리 국민 정서에 맞는 수작들은 언제쯤 쏟아져 나올까? 스토리텔링을 만들고 공연예술계를 이끌어갈 우리 예술계의 젊은 지도자는 언제쯤 나올 것인가?

지금 대한민국은 혁신적인 젊은 예술가들이 우후죽순으로 나타나주기를 애타게 기다리고 있다. 문화강국의 꿈을 이루기 위해서는 스토리 대한민국을 만들어야 한다. 우리 민족에게는 발굴 가능한 스토리가 무궁무진하다. 그 스토리의 보고가 그냥 잠들어 있다. 옛것이라

고 다 고리타분한 것은 아니다. 거기에 파격적인 상상력을 입힐 수
있다면 온 국민들에게 감동을 주는 문화 콘텐츠가 될 수 있다.

연극은 사람에서 태어나 사람으로 끝나는 작업이다.
예술가들이 큰 꿈을 공유할 때 비로소 멋진 작품이 탄생한다.

공연 콘텐츠의 미래,
감탄과 감동의 융합에 있다

작품을 할 때 주변의 걱정을 많이 듣는 편이다. 잘될 거라는 말보다는 하지 말라는 말을 더 많이 들었다. 해외에서는 성공한 작품이지만 한국 정서와 맞지 않는다며 반대했고, 좋은 작품이지만 제작비가 너무 많이 들어서 본전을 뽑기도 어려울 거라며 반대했다. 특히 창작 뮤지컬을 할 때 가장 많은 반대와 걱정을 들었다. 반대한 이들모두 연극을 사랑하는 사람들이었다. 공연으로 돈 버는 걸 최우선으로 생각하는 이들이 아니었다.

런던과 뉴욕 다음으로 많은 뮤지컬을 공연하고 있는 나라가 대한민국이다. 그런데 그 중 90퍼센트 이상이 해외 유명 라이선스 공연이다. 다들 해외에서 성공한 공연을 유치하기 위해 경쟁하기만 할 뿐, 한국적 소재를 개발해 창작 뮤지컬을 만들려는 생각은 하지 않는다. 한국 프로듀서들이 안이하고 사명감이 부족해서일까? 전혀 아니라고는 못하겠지만 그보다 더 큰 이유는 그만큼 성공하기 어렵기 때문이다. 나도 반대를 무릅쓰고 강행했던 〈댄싱 섀도우〉에서 큰 손실을 보았고, 성공적이었다는 〈아리랑〉에서도 손해를 봤다. 창작 뮤지컬은 100퍼센트 이상 망한다고 할 정도다. 어느 누구에게도 회사가 망할지언정 사명감을 가지고 창작 뮤지컬을 만들라고 강요할 수는 없다.

그러면 우리는 앞으로도 수입된 뮤지컬을 봐야만 하는가? 우리의 전통문화에 바탕을 둔, 우리의 현실을 소재로 한 뮤지컬은 영영 볼 수 없는 것인가? 그래도 되는 것인가?

해외의 명작을 거부할 이유는 없다. 그러나 우리의 문화에 뿌리를 둔 뮤지컬도 볼 수 있어야 한다. 문화 콘텐츠는 그것을 즐기는 사람들의 삶을 풍요롭고 윤택하게 한다. 드라마, K-POP, 게임, 애니메이션, 영화 등 해외에 진출하는 문화 콘텐츠는 하나같이 우리 국민들이 충분히 누리고 있는 것들이다. 우리 문화에 뿌리를 둔 공연 콘텐츠도 국민들이 충분히 즐기고 남음이 있어야 한류의 대열에 합류할 수 있다.

창작 뮤지컬을 충분히 즐기게 하려면 우선은 많이 제작되어야 한다. 많이 제작되려면 기본이 되는 콘텐츠가 풍성해야 한다. 그래서 '콘텐츠 개발 축제' 같은 것이 있었으면 하는 바람이 있다. 이 축제에 굳이 뮤지컬만 들어갈 필요는 없다. 장르별로 무용, 전통놀이, 뮤지컬, 연극 등으로 장르를 나누고 이것을 다시 대형, 중형, 소형으로 나누어 콘텐츠 공모 축제를 개발하는 것이다. 쇼케이스 형식이든 리딩워크숍 형식이든 무엇이든 좋다. 누구나 참여할 수 있는 콘텐츠 공모 축전을 열어보자. 거기서 선정된 작품은 공연으로 올라갈 때까지 정부가 지원해준다면 작가, 작곡가, 연출가, 안무가 들의 왕성한 활동을 자극할 것이다. 선정되지 못한 스토리도 프로듀서의 흥미를 끌수 있고 작곡가, 연출가의 관심을 받을 수 있다. 그러면 거기서 새로운 창작 팀이 나오게 된다.

이렇게 만들어진 기초 콘텐츠는 과거의 방식이 아니라 기술의 옷을 입고 무대로 올라가야 한다. 〈고스트〉나 〈아이다〉의 경우, 스토리는 과거의 것이지만 그것을 무대에서 구현하는 방식이 최첨단의 기술이었다. 화려하고 계산된 영상과 고난도의 무대 메커니즘이 결합한 것이다. 이러한 작업들이 내가 주장하는 감탄과 감동의 융합이다. 감동적인 스토리와 감탄을 자아내는 기술의 결합 말이다. 지금까지는 쇼적인 감탄을 주는 작품이거나 감동적인 이야기 중심의 작품이었다면 미래의 콘텐츠는 감동과 감탄이 융합해야 한다.

감탄을 자아내는 기술은 어떻게 만들 것인가? 호주의 애들레이드를 참고할 수 있다. 이 도시는 무대장치를 제작해 브로드웨이, 웨스트엔드에 납품하는 것으로 유명하다. 〈고스트〉와 〈맘마미아!〉의 무대도 거기서 만들어졌다. 특히 〈맘마미아!〉는 전 세계 380여 개 도시에서 공연을 했거나 하고 있다. IT 강국에 디스플레이 시장을 선도하고 있는 우리가 못할 까닭이 없다. 예술가들의 상상력과 공학자들의 기술력이라면 얼마든지 가능하다.

아직까지 우리나라에서 무대장치를 만드는 업체는 영세하고 각기 흩어져 있다. 몇 년 전부터 유휴 시설을 미술관이나 공연장으로 변화시키고 있는데 무대장치 업체에게도 그런 공간을 내주면 어떨까? 공간만이라도 지원을 해주면 영세한 업체들이 한숨 돌릴 것이고 '거기에 상상하는 모든 것을 무대로 옮겨줄 기술이 있다'라고 한다면 예술가들은 알아서 몰려갈 것이다. 상상력과 기술력이 상승 작용을 하면서 문화 콘텐츠의 혁명이 일어나는 공간이 될 수 있다.

콘텐츠 개발 축제로 감동적인 스토리를 발굴하고, 함께 모일 수 있는 공간의 제공으로 감탄을 자아내는 고난도 무대 메커니즘의 기술을 만들 수 있다. 감동과 감탄의 융합, 그 혜택은 관객에게로 돌아간다. 그러니 정부에서도 전시성, 일회성 사업이 아니라 지속적으로 지원해야 한다. 투입 대비 산출의 시각이 아니라 문화 콘텐츠에 대한 철학으로 접근해야 한다.

추천의 글

끝없이 도전하는
현재진행형의 프로듀서
– 안호상(국립극장장)

　이해랑연극상을 연출가나 배우가 아닌, 프로듀서 중에서 최초로 박명성 대표가 받게 되었다는 소식을 접했을 때 누구보다 반가웠다. 박명성 대표와의 인연은 1994년 예술의전당에서 시작됐다. 극단 신시가 뮤지컬로 눈을 돌려 처음 시작한 뮤지컬 〈그리스〉를 예술의전당 자유소극장에 올린 때였다.

　지금이야 예술의전당 대관이 하늘의 별 따기만큼 어렵다고 하지만 개관 후 처음 몇 년간은 극장을 채우기가 만만치 않았다. 길어야 4~5일 공연하는 오페라나 무용 공연으로 극장의 장기간 공백을 메우기는 쉽지 않았다. 그러니 예기치 않게 대관이 취소되거나 긴 공백이라도 생기면 자연히 나는 뮤지컬이나 악극 제작자를 찾게 되었고, 그럴 때마다 박명성은 나의 구세주였다.

우리는 뮤지컬 〈더 라이프〉를 시작으로 악극 〈가거라 삼팔선아〉, 〈키스 미 케이트〉, 〈렌트〉, 〈유린타운〉 등 수없이 많은 작품을 함께 했다. 그러나 당시 박명성은 인간적으로는 수줍음도 많고 별말이 없는 기획자였다. 어느 날 둘이 앉아 식사를 하는데 그가 "5년 만에 식사를 함께 하네요"라고 말했던 기억이 난다. 그러고 나선 다시 별말 없이 식사를 하면서 '참 재미는 없는 사람이구나' 하고 생각했던 기억이 난다.

그러나 그는 일에서만큼은 남다른 데가 있었다. 당시 뮤지컬계는 해외에서 악보와 극본만 사다가 무단으로 베껴서 공연하는 것이 상식처럼 여겨지던 시절이었다. 그런데 그는 처음부터 생각이 달랐다. 꼭 저작권을 확보하고서야 공연을 올렸다. 한국의 뮤지컬 기획자를 도둑처럼 여기던 〈더 라이프〉 저작권자를 찾아가 결국 계약을 성사시켰다는 이야기를 듣고 나는 젊은 기획자 박명성을 다시 보게 되었다.

내가 2001년 출장길에 〈맘마미아!〉를 처음 보고 이 작품을 예술의 전당에서 꼭 해야겠다고 마음먹었을 때 머릿속에 박명성이 먼저 떠오른 것은 우연이 아니었다. 나는 〈맘마미아!〉의 한국 공연이 성사되려면 두 개의 큰 산을 넘어야 한다고 생각했다. 그 하나는 오페라극장에서 4개월 이상 뮤지컬을 장기공연해야 하는, 당시로서는 매우 위험한 결정을 해야 한다는 것이었다. 다른 하나는 누가 과연 라이선스를 확보할 수 있겠느냐 하는 것이었다. 그때 박명성 대표가 생각났다. 말을 건네기가 무섭게 기다렸다는 듯이, 박명성 대표는 영국 원제작사의 공연 의향서를 들고 나타났다. 그가 오랫동안 국제 뮤지컬계와 쌓아온 신뢰가 있었기에 가능한 것이었다.

박명성을 몇 가지 단어로 요약할 때 신뢰 다음으로 빼놓을 수 없는 것은 아마도 도전이란 말이 되지 않을까 한다. 뮤지컬 〈맘마미아!〉가 성공을 거두고 나서 그가 선택한 작품은 〈아이다〉였다. 사실좀 의아했다. 〈아이다〉는 미국에서도 흥행에 성공하지 못해 모두가 꺼리는 작품이었기 때문이다. 다들 반신반의할 때, 그의 승부사적 기질이 발휘됐다. 작품에 대한 본인의 확신으로 주변을 설득하고, LG아트센터에 장기간 대관을 확보하게 된다. 결국 뮤지컬 〈아이다〉는 한국에서 성공을 거뒀고, 이후 브로드웨이와 웨스트엔드가 아닌 서울에서 여전히 흥행 작품으로 수명을 연장해가고 있다. 지난번 서울 공연은 디즈니의 제작자들도 그 작품 수준에 놀라고 돌아갔다고 들었다.

모두가 흥행을 장담했는데도 처참하게 빗나가는 것이 공연이다. 지나고 보면 당연해 보이고 쉬워 보여도, 시작하기 전에는 두렵기 그지없는 것이 공연이다. 처음 여는 공연장이라면 그 두려움은 더 클 수밖에 없다. 신도림에 디큐브아트센터가 처음 들어설 때 대부분의 제작자는 불모지나 다름없는 그곳에서 공연이 되겠느냐고 모두 외면했다. 그때 박명성은 개관 공연으로 〈맘마미아!〉를 하겠다고 달려들었다.

물론 성공을 거두었고 그 후로도 〈시카고〉, 〈아이다〉, 〈고스트〉 등의 신시 공연이 그곳에서 줄을 잇고 있다. 프로듀서의 꿈 중 하나는 자신의 전용극장을 갖는 것이다. 신시컴퍼니가 신도림의 디큐브아트센터를 자신의 전용극장이나 다름없이 사용하는 것은 박명성의 이런 도전이 일군 결과물이다. 문화 불모지 신도림이 서울의 새로운 문화 중심으로 떠오른 것은 곧 우리 뮤지컬계에서 새로운 시장을 창조한 것이나 마찬가지인 셈이다.

요즘 그는 뮤지컬 프로듀서로서 얻은 경험과 자산을 연극에 쏟고 있다. 번역극은 물론이고 매년 한 편 이상씩 창작극을 올리겠다고 공공연히 선언을 하더니, 젊은 시절 박명성의 마음에 연극쟁이의 불을 지핀 차범석의 〈산불〉을 비롯하여 현대소설을 원작으로 한 〈퀴즈쇼〉, 〈엄마를 부탁해〉, 차범석희곡상 수상작 〈푸르른 날에〉, 〈아버지와 나와 홍매와〉 등을 연이어 제작하며 평단과 관객의 호평을 고르게 받고 있다. 번역극도 수준 있는 작품만을 골라 새롭게 선보이고 있다.

세월이 많이 흘렀다. 수줍고 재미없기는 20년 전이나 마찬가지지만, 무모해 보였던 약속을 지켜나가는 그를 보는 것은 새롭기만 하다. 또 어떤 반전을 꿈꾸고 있나 엿보는 재미도 늘 작지 않다. 현재진행형의 기획자, 프로듀서 박명성의 책 출간과 이해랑연극상 수상을 다시 한 번 축하하며, 우리나라 최고 권위인 이해랑연극상의 수상 대상을 기획자, 제작자에게까지 넓혀준 개척자 박명성에 대하여 다시 한 번 환호와 축하를 보내는 바다.

나보다 나를 더 아파하는 사람

– 박정자(배우)

　박명성 대표가 수상한 이해랑연극상은 무엇보다 '장인 정신'을 가진 연극인들을 위한 상이다. '연극의 정도를 걸어오며 끈기 있게 열심히 창조 작업을 해온 연극인이나 연극 단체 중 하나의 단체나 개인'을 겨냥한다는 것이 시상 취지다. 그런 면에서 보자면, 평생 기획자의 길을 사명처럼 걸어온 박명성 대표가 이 상을 수상했다는 사실이 여러 면에서 의미가 있다.

　문득 궁금한 생각이 들어서 살펴보니, 지금까지의 이해랑연극상 수상자들은 연극 단체가 두 곳(산울림, 실험극장)이었고, 연출가도 네 명(손진책, 김삼일, 한태숙, 이성열)뿐이었다. 그 외에 극작가 차범석 선생과 무대미술가 박동우 씨가 수상한 적이 있고, 나머지는 모두 배우였다. 24년이나 되는 긴 세월 동안 이해랑연극상에서는 단 한 번도 기획자를 '장인'의 대열에서 생각해보지 못했던 것이다.

연극은 무대 스태프, 연출가, 배우가 모두 중요하지만, 각 시스템이 무리 없이 가동될 수 있는 것은 보이지 않는 곳에서 밤낮으로 동분서주하는 기획자들 덕분이다. 그들의 노고에 대해 연극하는 사람들이라면 누구나 다 잘 알고 있지만, 동시에 너무도 쉽게 간과하기도 한다. 덜 훌륭해서가 아니라 늘 뒷전에서 보이지 않는 사람들처럼 가려 있기 때문이다. 무대미술가 이병복 선생님은 당신을 '뒷 광대'라 칭하셨다. 가족의 애틋한 마음을 어이없이 곧잘 잊고 사는 것처럼, 우린 그동안 그들을 밝은 빛으로 끌고 나와 박수쳐주는 일에 너무 인색했던 것이 아닐까?

그래서 나는 박명성 대표의 이해랑연극상 수상을 그 어느 때보다도 축하했다. 그간 그가 이뤄낸 값진 결실이 보답받는 일이기도 하지만, 그 사실을 훌쩍 뛰어넘어 어쩌면 이제까지 보이지 않게 고생했던 수많은 기획자들의 노고를 함께 위로하는 일이 될 것이기 때문이다.

신시의 박명성 대표를 떠올리면 늘 미안해지는 마음의 빚이 하나 있다. 〈19 그리고 80〉을 뮤지컬로 올린 후에 우리는 〈33개의 변주곡〉으로 다시 만났다. 대본이 너무 마음에 들어서 자발적으로 참여 의사를 표했을 만큼 나는 그 작품을 유난히 좋아했다.

그런데 연습이 한참 진행되었을 무렵, 아마 80퍼센트 정도 대사를 외웠던 것으로 기억하는데, 차마 입을 떼어 밝히기 어려운 사정이 생겼다. 솔직히 말하자면, 난 그때 연극배우로서 처음 '공포'라는 것을 느꼈다. 덜컥, 겁이 났다. 무엇 때문이었는지, 왜 그랬는지를 정확하게 설명하기는 힘들다. 다만, 그것은 내 평생 몇 번 느껴보지 못했던, 그러나 분명히 알고 있는 어떤 두려움이었다. 육체적으로도 정신적으로도 도저히 버텨내기 힘든 순간들이 이어졌다. 개막을 겨우 30여 일 남겨놓고 있던 어느 날 나는 어렵게 용기를 내어 스태프에게 마음을 털어놓았고, 이튿날 박 대표와 통화를 했다. 그런데 미안해서 어쩔 줄 몰라 하는 내게, 그는 놀랍게도 침착하고 진심어린 목소리로 "염려 마라, 작품은 얼마든지 있고 연극은 언제든지 할 수 있다"며 오히려 내 건강을 염려해줬다. 말로 다 하기 어려울 만큼 고마웠다. 당시 상황을 구제하기 위해 미국에서부터 급하게 달려왔던 윤소정 씨가 나의 빈자리를 채워줬고, 연습 중 대상포진까지 걸렸다는 소식을 들었을 때 나는 정말 몸 둘 바를 몰랐다. 결국 나는 두 사람 모두에게 큰 빚을 졌다.

그렇게 나를 안심시켜줬던 그가 그때 그 일로 며칠을 심하게 앓았다는 이야기는, 뒤늦게 그의 책(『세상에 없는 무대를 만들다』, 2012)이 출간되고 나서야 알았다. 내게도 아픈 기억이지만, 무엇보다도 그 사건은 박 대표의 사람 됨됨이와 진실함을 경험하게 해줬던 잊지 못할 기억이다.

나는 박명성 대표를 비단 뮤지컬 단체의 기획자로만 생각하지 않는다. 그의 심장 속에는 늘 연극에 대한 애절한 갈망이 있고, 그것이 나와의 인연을 오랫동안 이어주는 이유이기도 하다. 사람을 깊이 헤아릴 줄 알고, 자신보다 상대방의 아픔을 먼저 아파하는 사람, 귀하고 소중한 인연인 박명성 대표의 새로운 책 출간을 마음 깊이 축하한다.

연극계의 믿음직한 일꾼, 박명성

– 손진책(극단 미추 대표, 전 국립극단 예술감독)

그와 처음 만나게 된 것은 그가 김상열 연출가와 차범석 선생님을 조용히 따라다니며 보필하던 때였으니 아마 20년이 훨씬 넘은 옛날의 일로 기억한다. 지금은 그도 중년의 나이가 되었지만, 당시엔 미소년 같은 인상으로 조용히 선생님들을 돕던 모습이 아직도 눈에 선하다.

지금까지 그가 '돈키호테'처럼 이루어놓은 일들만 보면, 매우 저돌적이고 진취적인 사람일 것이라 상상하기 쉽다. 하지만 사실 그의 첫인상은 수행자에 가까운 것이었다. 그런 조용한 성격 속에 감춰진 추진력과 실천력이 극단 신시를 계승하면서 점차 진가를 드러내게 되었고, 오늘의 믿음직한 일꾼 박명성으로 거듭나게 할 수 있었다.

알려진 것처럼 무용학도로 출발한 그는 배우 경험과 조연출, 연출을 거쳐 기획과 제작에 이르기까지 다방면에서 능력을 발휘해왔고, 신시컴퍼니를 뮤지컬과 연극을 아우르고 예술인과 관객의 주목과 신뢰를 받는 국제적인 단체로 성장시켰다. 오늘날 수많은 뮤지컬 레퍼토리가 볼륨을 키우며 일반 대중들에게 사랑을 받고, 또 언제나 편히 즐길 수 있는 문화 예술로 자리 잡게 된 것은, 그 배후에 박명성의 지대한 공헌이 존재하고 있다는 사실을 누구도 부인하기 힘들 것이다.

이렇게 그는 무대를 통해 사람과 사람의 만남을 즐기고 있지만, 또한 일상 속에서도 타고난 부지런함과 애정으로 다방면의 사람들과 지속적인 인간관계를 유지하고 있다. 특히 우리 가족과는 특별한 인연을 맺고도 있지만, 그 바쁜 와중에도 연극계 어르신들에게 항상 예의 바르게 대하며 그분들이 무엇이 필요한지를 살피는 살가움을 보였다. 그것이 늘 대견하고 고마웠다.

가장 특기할 만한 것은, 일반적으로 뮤지컬로 성공할 경우 연극을 돌아보지 않는 경우가 많은 현실임에도 그는 결코 그렇게 하지 않았다는 점이다. 뮤지컬로 거둔 성공을 통해 지속적으로 중량감 있는 연극을 제작해왔고, 수준 높은 작품으로 창작극계의 숨통을 틔우기도 했다.

연극을 하려면 여전히 제작 여건이 열악하다는 것은 어쩔 수 없는 사실이다. 게다가 수익과는 별 상관도 없는 상황이 대부분이다. 그럼에도 불구하고 연극이 줄 수 있는 진실성과 힘을 잊지 않고 배려하고 있는 것에 대해 모든 선배 연극인들이 보이지 않는 신뢰와 애정을 보내고 있음을 느낄 수 있다. 남들이 시도하지 않는 모험에 뚝심과 용기로 도전해온 그는 많은 굴곡과 개인적 시련에도 불구하고 포기하지 않는 의지를 보여주었다.

그의 끊임없는 열정과 실천력은 앞으로도 연극의 수준을 높이고 발전을 도모하는 동시에, 뮤지컬과 연극 사이의 가교 노릇을 하면서 '연극계의 일꾼'이라는 역할을 계속하리라는 것에 큰 기대를 해도 좋으리라 믿는다. 부디 연극 정신을 잊지 말고, 항상 예술가들의 편에 서서 함께해주는 영원한 일꾼으로 남기를 바라는 마음이다.

박명성, 나의 아들!

- 손숙(배우)

　그는 눈에 띄는 사람이 아니었다. 늘 뒷전 구석에 조용히 있었고 어쩌다 한 마디 할 때도 눌변이라 화려한 말은 할 줄 몰랐다. 그런 사람이 일을 할 때는 달랐다. 일단 일을 맡으면 몸 사리지 않고, 망설이지 않고, 최선을 다해서 안 될 것 같은 일도 되게 만들어낸다. 얼마나 부지런한지 그 많은 일을 힘들다는 말 한 마디 없이 다 해낸다. 어떨 때는 참 불가사의하다는 생각마저 들 지경이다.

　그와 일을 하고 자꾸 만나다 보니 그 작은 몸이 점점 커보여서 이제는 거인처럼 보인다. 그런 그가 나를 어머니라고 불러준다. 연극 〈엄마를 부탁해〉에서 내가 맡았던 배역 때문인데, 나도 아들이라고 부르기를 서슴지 않는다.

내가 늙어서 그런 것인지, 아들을 보는 엄마의 마음이라서 그런지 박명성을 보는 내 마음에 걱정이 많다. 그를 안 이후 한 번도 여유롭게 쉬는 모습을 본 적이 없다. 가끔은 일을 줄이고 쉬는 시간도 필요하지 않을까, 너무 일만 하다가 건강을 해치는 것은 아닐까 걱정스러운 것이다.

또 다른 걱정은 그의 똥배짱이다. 잊을 만하면 대형사고를 터뜨린다. 남들은 다 안 된다는 일을, 나조차도 정말 말리고 싶은 일을 척척 저지른다. 그런 일이 사고이기만 하면 혼을 내서라도 말리겠는데 성공하기만 하면, 아니 실패하더라도 우리 연극계에는 좋은 일이기에 걱정을 전할 뿐이다. 내가 걱정할 때마다 그는 걱정 말라며 열심히 하면 되지 않겠느냐고 넉살 좋게 말한다. 그리고 정말 열심히 해서 그 일을 해내고야 만다. 그러니 그를 거인이라고 부를 수밖에 없다.

사람과의 관계에서도 그는 열심이다. 한 번 맺은 인연을 그렇게 소중히 생각하고 그 인연을 아름답게 만들어간다. 그래서 그의 주변엔 늘 사람이 있고 그 사람이 또 다른 사람을 데리고 온다.

언젠가 내 옆에서 위로를 받고 힘을 얻는다고 했는데 이제 생각해보니 그 반대다. 어느 날부터인가 박명성은 나의 보호자이고 의논 상대이고 든든한 빽이 되었다. 내가 그를 든든한 아들로 의지하고 있는 것이다.

나는 박명성이 하는 일들이 정말 잘되기를 기도한다. 그가 저지르는 대형사고들이 공연계의 사건으로 성공해야 우리 연극계가 풍성해질 것이기 때문이다. 아들을 바라보는 엄마의 마음이기도 하고 연극계 선배의 마음이기도 하다.

신뢰의 '돌쇠' 같은 남자

— 이종덕(충무아트홀 사장, 단국대 문화예술대학원장)

능력 있는 자가 노력하는 자를 이기지 못한다. 이야말로 변하지 않을 진리다. 내가 본 박명성 대표는 신뢰의 '돌쇠' 같은 남자다. 우직하게 노력하는 '돌쇠'다. 연극인 김상열 선생 밑에서 10여 년간 조연출로 밑바닥부터 다져 올라와 오늘날 공연계에서 성공한 인물이 되었다.

내가 1995년 예술의전당 사장에서 시작해 세종문화회관, 성남아트센터, 충무아트홀 사장에 이르기까지 네 개의 공연장 사장을 지내며 늘 강조해온 운영 철학은 '도전과 변화의 정신'이다. 그런데 극장장과 공연 제작자로 만난 박명성 대표의 공연 작품을 보면, 내가 지

향하는 '도전과 변화'의 정신이 읽힌다. 그의 변화를 한 마디로 응축해 표현하자면 '오래된 새로움'이다. 내가 보건대 그에게는 옛것에서 새로움을 읽고, 현 시대에 맞게 재창조해내는 프로듀서로서의 능력이 있다.

나는 그의 성공 근간에는 원로 예술인들의 의견을 귀담아듣고 작품을 결정하고, 말없이 실천하는 추진력에 있다고 본다. 박명성 대표는 한국의 사실주의 극을 확립한 극작가 고故 차범석 선생의 뜻을 기리는 차범석연극재단을 만든 일등공신으로, 차범석 선생의 딸 차혜영 씨를 이사장 자리에 올리고 자신은 뒤에서 물심양면으로 뒷바라지를 아끼지 않는 인물이다.

또한 그는 2007년 차범석 선생의 대표작이자 사실주의 연극의 백미인 〈산불〉을 대형 창작 뮤지컬 〈댄싱 섀도우〉로 제작하는 새로운 도전을 시도한 바 있다. 그로 인해 금전적으로 엄청난 손해를 입었지만, 그 후로도 한 해에 연극을 네 편 정도 꾸준히 올리는 것을 보면 그의 연극에 대한 뿌리 깊은 애정은 바보스러울 정도로 우직하다. 뮤지컬 〈맘마미아!〉로 벌어들인 돈을 기초 예술인 연극에 쏟아붓고 있는 프로듀서 박명성 대표는 침체에 빠진 연극계에 단비 같은 존재다.

모름지기 문화 예술 현장에서 일하는 사람들이라면 항상 사회의 변화와 사람들의 마음을 읽을 줄 아는 혜안을 가져야 하는 법인데, 공연 제작의 방향을 설정하고 창작자와 배우, 스태프를 진두지휘하는 프로듀서에게 '시대 정신'의 중요성은 두말할 나위 없다. 수십 년간 무대 현장에서 쌓은 박명성 대표의 부단한 노력이 연극계 최고 권위의 이해랑연극상 수상으로 결실을 맺게 되어 누구보다 기쁘다. 앞으로도 동시대를 살고 있는 사람들에게 '삶의 의미란 무엇인지', '내가 이 사회와 맺을 수 있는 연결 고리는 무엇인지'에 대해 묵직한 질문을 던질 수 있는 리얼리즘 연극의 진수를 선보여주길 기대한다. 불가능한 일을 해내는 박명성 대표의 연극에 대한 애정과 뚝심에 찬사를 보낸다.

연극을 운명으로,
사람 사랑을 원리로
– 허순자(연극평론가, 서울예대 교수)

「빌리지 보이스」의 평론가 돈 쉬위는 프로듀서 조셉 팝(1921~1991)을 "왕관을 쓰지 않은 미국 연극의 실질적인 왕"이라 했다. 조셉 팝은 센트럴파크에서 매년 열리는 무료 공연 페스티벌인 '뉴욕 셰익스피어 페스티벌'을 기획했을 뿐 아니라, 오프브로드웨이의 옛 공공도서관 건물을 개조해 여섯 개 창작 공간을 갖춘 퍼블릭 극장을 설립, 뉴욕시에 그것을 되팔아 연 1달러에 영구임대하게 했는데, 이는 미국 현대 연극사에 새로운 장을 연 쾌거요, 그 자체로 경영 신화였다. 특히 그가 퍼블릭 극장의 신작들을 브로드웨이로 역수출해 전자의 재정 문제를 해결한 것은 팝 신화의 절정을 이룬 획기적인 전략이었다. 그 대표적 사례가 〈코러스 라인〉(1975)으로, 그는 당시 최장기 흥행 뮤지컬로 15년 동안이나 브로드웨이를 장악했던 그 공연의 전 수익을 퍼블릭 극장의 창작 실험에 재투자해 미국 연극 발전에 크게 기여했다. 이해랑연극상이 프로듀서(기획·제작) 분야로 시상 범위를 확대하고, 그 첫 수상자로 박명성을 선정하는 순간 내 머릿속을 스친 생각은 자신만의 놀라운 연극 경영 신화를 창조하는 가운데 우리 공연예술의 발전을 실질적으로 선도하고 있는 그가 한국의 조셉 팝이라는 사실이었다.

이 글을 쓰고 있는 지금, 신도림 디큐브아트센터에서는 할리우드 영화 〈사랑과 영혼〉을 '매지컬'로 상승시킨 아시아권의 첫 번째 라이선스 공연 〈고스트〉가 7개월 장기공연의 중반을 넘어서고 있다. 또 한남동 블루스퀘어 삼성전자홀에서는 2004년 1월 이래 지난 10년간 전국의 33개 도시를 순회하며, 무려 1,400회 이상의 공연에 200만 명에 육박하는 관객, 1,000억 원을 훌쩍 넘긴 매출로 한국뮤지컬사를 새로 써내려 간 '국민 뮤지컬' 〈맘마미아!〉의 한국 공연 10주년 기념 오리지널 팀의 공연이 막바지를 향해 달리고 있다. 어디 그뿐인가. 최근 리모델링으로 다시 태어난 장충동 국립극장 달오름극장에서는 제6회 차범석희곡상 수상작인 〈아버지와 나와 홍매와〉가 재공연으로 잔잔한 감동을 전하고 있다. 초연에서 전석 매진의 즐거운 비명을 지른 박명성은 그 공연의 수익금 전액을 차범석재단에 기부하겠다(그는 이미 2007년 제10회 한국뮤지컬대상에서 수상한 프로듀서상의 상금 전액을 그곳에 기부한 적이 있다)는 폭탄선언으로 화제를 더하기도 했다. 그의 연극 인생에 지대한 영향을 미친 영원한 스승, 고故 차범석 선생에 대한 무한한 존경심과 연극을 향한 속 깊은 사랑이 충동한 박명성의 '통 큰 쾌척'은 그 누구도 따라잡지 못할 것 같다. 이렇듯 지금 이 순간 서울의 주요 극장에서 동시다발적으로 이루어지고 있는 이 예사롭지 않은 공연들이 모두 프로듀서 박명성이 주도하는 신시컴퍼니에 의해 오르고 있다는 사실 하나만으로도 한국 공연예술계에서 그가 차지하고 있는 몫과 역할이 결코 적지 않음을 직감할 수 있다.

땅끝마을 해남 출신 소년의 마음에 불을 지른 단 한 편의 공연 〈산불〉로 자신의 운명을 연극에 결박시킨 박명성은 주지하다시피 기획과 제작을 동시에 아우르는 본격적 의미의 국내 1세대 프로듀서다. 그리고 그는 자(?)타가 공인하는 동시대 한국 연극계 최고의 프로듀서이자, 서울연극협회 회장, 한일연극교류협의회 회장, 한국공연프로듀서협회 회장 등을 거치면서 공연예술 단체의 리더십에도 그 이름을 올려온 전방위 연극인이다.

그와 엇비슷한 시기인 1990년대 후반 이래 한국 연극의 뮤지컬 분야를 첨단 문화산업으로 발전시키는 데 기여해온 중견 프로듀서 가운데서도 박명성의 빛나는 '명성'과 입지는 타의 추종을 불허한다. 그것은 그가 흔히 돈으로 환산되는 사업성과에 제작의 최종 목표를 두지 않으며, 권위나 명예, 지위 등 세속적 욕망에 휘둘리지 않고 현장의 윤리와 도덕을 중시하는 가운데 뚜렷한 신념과 비전을 지닌, 진짜 '프로' 프로듀서이기 때문이다.

그리하여 그는 실패했을 때조차도 그것을 실패로 여기고 좌절하기보다는 그로 인해 얻은 경험의 미덕을 살피고, 그 속에 숨겨진 긍정적 의미를 찾아낸다. 그 대표적인 경우가 〈댄싱 섀도우〉다. 〈산불〉을 세계적인 대형 창작 뮤지컬로 재탄생시키기 위해 무려 7년을 매달리며, 정상의 국제 예술가들을 끌어 모으고, 45억 원의 제작비를 쏟아 부었음에도 불구하고 절반의 투자액도 건지지 못했을 때조차 그는 그것을 실패로 낙인찍지 않았다. 사전 워크숍, 쇼케이스 등 우리 무대에 부재하나 절실한 과정들을 새로운 제작 전통으로 수용했으며, 창작 뮤지컬 제작의 노하우, 해외 아티스트들과의 소통과 협업의 기반 확립을 값진 자산으로 삼았기 때문이다.

여기서 또 한 가지 주목해야 할 사실은 창작 뮤지컬 제작의 중요성에 대한 그의 첨예한 인식이다. 사실 그는 '브로드웨이 박'이라는 별명까지 얻으며 그 어떤 프로듀서보다도 해외 저작권 대행사들과 오랜 신뢰관계를 구축해왔다. 하지만 인기 라이선스 뮤지컬을 두고 국내 제작자들 간에 과도한 경쟁이 벌어지는 유감스러운 상황에서 과감히 창작극과 창작 뮤지컬로 시선을 옮긴 그의 판단은 정의롭기마저 했다.

한편, 이와 같은 자신의 현장 경험을 이미 두 권의 자전적 저서로 훌륭히 요약해낸 바 있는 박명성은 첫 번째 책『뮤지컬 드림』(북하우스, 2009)에서 스스로를 "뮤지컬 프로듀서"로 단정하며, 제작자를 "가장 낮은 곳에서 가장 먼 꿈을 꾸는 사람"으로 읽혔다. 3년 후 출산한 두 번째 저서 『세상에 없는 무대를 만들다』(북하우스, 2012)에서는 "잘하는 게 별로 없다"고 자신을 한껏 내려놓으며, "기획은 사람에 대한 사랑이요, 예술경영이 곧 사람경영임"을 주지한다. 그런데 프로듀서와 그 기능에 대한 그의 정의가 깊은 공감을 자아내는 반면, 자신을 이른 발언에는 적어도 그를 아는 독자라면 동의하기 어려울 것이다. 왜냐하면 앞에서 언급했듯, 그는 단순히 뮤지컬 장르로 자신의 영역을 제한한 프로듀서가 아닐뿐더러, 정말 놀랍게도 잘하는 게 많은 사람이니 말이다(그를 일약 기획의 길로 선회하게 한 "배우도 텄고, 연출도 젬병이고"라는 고(故) 김상열 선생의 '돌직구' 한마디가 암시하듯, 소망했으나 진즉에 포기할 수밖에 없었던 연기와 연출을 제외하건대).

몇 가지 예를 들어보자. 그는 어른과 주변을 섬길 줄 알며, 도리를 알고, 약속과 신의를 중시하며, 책임감과 실천력이 강하고, 성실하고, 부지런하다. 또한 결정에 신중하되, 행동에 단호하고, 기다려줄 줄 알며, 진심으로 상대를 이해하고 포용하는 넉넉함과 겸손으로 빛나는 연극인이다. 프로듀서로서 그가 지닌 남다른 역량은 바로 이러한 장점들에서 출발한다고 말해도 과언이 아니다. 한편, 그를 아끼는 주변의 지인들이 붙여준 애정의 별명을 포함해 그를 수식하는 표현은 프로듀서로서의 그의 성격적, 체질적 특성을 웅변해주기도 한다. 이를테면, '작은 거인', '탱크', '뮤지컬 챔피언', '뮤지컬계의 돈키호테', '뚝심의 연극제작자' 등이 바로 그렇다. 의외로 대중 앞에서 수줍어하는 그의 태도를 정면으로 배반하는 프로듀서의 본능과 감각은 거의 동물적이라 할 수 있다. 목표물에 대한 예리한 감지력과 판단력, 그리고 그에 따른 단호하고도 발 빠른 행동력(때로 무모하거나 집착으로 보일 수도 있는)은 프로듀서 박명성이 그 누구보다도 정말 잘하는 것들이지 않은가.

그러한 재능으로 그는 한국 최초의 정식 라이선스 협약을 통한 해외 뮤지컬 제작이자, 브로드웨이와 시차를 줄인 원작과 라이선스 작품의 동시 공연이었던 〈더 라이프〉를 필두로 지난 17년간 〈렌트〉, 〈카바레〉, 〈틱틱붐〉, 〈유린타운〉, 〈시카고〉, 〈맘마미아!〉, 〈아이다〉, 〈댄싱 섀도우〉, 〈엄마를 부탁해〉, 〈헤어스프레이〉, 〈고스트〉 등 30여 편의 해외 라이선스 및 창작 뮤지컬을 제작했으며, 그 중 다수는 많은 수상의 영광과 함께 신시 운영에 실질적으로 효자 노릇을 하고 있는 '킬러 콘텐츠' 영구 레퍼토리들이다. 이러한 작품들을 기획·제작하는 가운데 그는 파격적 소재와 형식의 발견, 창의적 이슈를 담아내는 홍보 전략과 독특한 기획 콘셉트를 활용한 관객 개발, 국내 최초로 공개 오디션 개최 및 역시 국내 최초로 팬카페 개설, 인재 발굴과 양성, 창작 뮤지컬 제작 등 국내 뮤지컬 제작 환경의 변화와 그에 따른 새로운 제작 질서와 전통의 확립, 질적 향상과 저변 확대에 큰 기여를 했다. 국내 최장기 공연 및 최다 공연, 최다 관객 동원, 최대 매출 등의 놀라운 기록들은 모두 그로부터 시작하고, 마무리 짓는다. 또한 제1회 차범석희곡상 수상작 〈침향〉 이후, 〈피카소의 여인들〉, 〈엄마를 부탁해〉, 〈푸르른 날에〉, 〈레드〉, 〈대학살의 신〉, 〈니 부모 얼굴이 보고 싶다〉, 〈아버지와 나와 홍매와〉 등 연극 제작 선언 이후 5년 남짓한 기간에 그는 이미 13편의 연극을 완료했다. 그들 중 여러 편이 주요 연극상을 수상했으며, 일부는 연속 호응 속에 신시의 고정 레퍼토리로 자리매김했다. 뮤지컬이나 연극 콘텐츠에서 공히 가장 중요한 가치를 작품의 질과 서사에 두는 박명성 대표는 2015년 광복 70주년을 기념해 조정래의 대하소설 『아리랑』을 원작으로 다시금 큰 모험일 수도 있는 대형 창작 뮤지컬을 제작했다. 다수가 실패로 단정했던 〈댄싱 섀도우〉를 회상하며 "실패와 성공의 차이는 다시 도전하는가, 거기에서 멈추는가"일 따름이라 한 그의 논리에 따르면 도전은 일단 성공일 테다.

프로 근성으로
연극계에 새로운 희망을 만들다

― 고선웅(경기도립극단 예술단장)

이제 연극 제작자가 괄목받아야 할 시대다. 작가, 연출보다 더 중요하다고 해도 전혀 지나치지 않다. 연극을 발생시키는 최초의 후견인이면서 발화점 아닌가. 창작자의 재능과 가치에만 관심을 두다 보니 어느새 제작자들은 의기소침해져서 하나둘씩 빚만 지고 현장을 떠났다. 그야말로 사명감 없이는 할 수 없는 게 특히나 연극 제작이다. 극한의 리스크를 자랑한다. 그런 인생을 한눈팔지 않고 쭉 살아왔다면 인정해줘야 한다. 나는 언제나 연극을 제작하는 분들에게 경외감을 느껴왔다.

어떤 길을 가면서 자기 확신과 직업의식이 뚜렷한 사람을 만나면 기분 좋다. 연극계에서 배우와 스태프 중에는 그런 분들이 있지만 제작자 중에는 흔치가 않다. 연극 제작자라 할 마땅한 사람을 만나는 일 자체가 쉽지 않다. 연극으로는 수익을 창출하기가 어렵기 때문에 대부분 전업을 하거나 뮤지컬로 떠났다. 상업 연극으로 수익을 만들어내는 시스템을 정착시킨 제작자는 더러 있다. 하지만 순수 연극을 끊임없이 제작하면서 손해를 감수하는 순수 제작자는 거의 없다고 봐도 무방하다. 연극계에 그런 제작자가 있다면 가히 별처럼 찬란하다고 할 만하다.

형님은 그런 분 중에 한 분으로 기분 좋게 나를 매료시켰다. 다들 뮤지컬로 돌아설 때 오히려 연극에 관심을 돌리고 새로운 대극장 연극의 바람을 만들며 돌아왔다. 언제나 생기가 넘쳐서 지쳐 있거나 주눅이 든 모습을 본 적도 없다. 판을 짜고 일을 만들어내는 추진력 또한 가히 경지라 할 만하다. 그야말로 거침이 없고 일사천리로 쭉쭉 밀고 나간다. 옆에서 보면 일을 참 쉽게 하시는구나 하는 생각이 절로 든다. 그런데 쉽게 하면 쉽게 되고 쉽게 풀면 쉽게 풀린다. 형님에게는 유독 그런 능력이 있다. 늘 정공법이고, 밀고 당기며 주저하거나 속셈을 하는 그런 모습을 본 적이 없다. 천생 배짱 센 제작자다. 아니면 말고, 되면 한다. 상업극 일색의 레퍼토리가 연극 랭킹을 장악한 지 이미 오래인데 그 틈을 뚫고 건강한 느낌을 주는 새순 같은 연극을 형님은 신시 멤버들과 뚝딱뚝딱 만들어낸다.

작품성을 담보로 중대형 극장의 연극을 과감하게 시도하고 연극의 대중화를 선도해나간다는 것은 그 자체만으로도 대단한 일이다. 모두가 무모하다며 손사래를 칠 때 그는 과감하게 링 위로 뛰어올랐다. 맷집이 아무리 좋아도 연극의 링은 절대로 호락호락하지 않다. 〈산불〉도 〈침향〉도 〈푸르른 날에〉도 그렇게 만들어졌다. 손해를 보고 깨져도 쿨하게 웃었다. 그는 계속 링에 올랐다. 맷집은 계속 좋아졌고 경험칙에서 온 그만의 노하우가 연극계에 새로운 희망을 만들어냈다. 어쩌면 그를 키운 것은 팔 할이 적자였을 것이다. 웰메이드 연극들이 하나둘씩 늘어났고 연극계의 전반적인 향상에 자극을 주기도 하였으며 중대형 연극의 가능성도 만들어냈다.

만일 형님이 없었다면 어떻게 되었을까? 당연히 연극계에 그만큼의 활력이 없었을 것이다. 형님은 위로 아래로 수많은 연극인에게 작품성 있는 대중 연극의 가능성을 확인시켰다. 소극장 연극의 영세성을 벗어나 대형 극장에서도 연극이 흥행할 수 있다는 희망을 보여줬다. 지원 체계에 익숙하게 안주하며 새로운 변화를 두려워하는 이들에게 전문 기획자로서 프로의 근성을 여실히 보여줬다. 생색도 나지 않는 연극 제작자의 길에서 해찰하지 않고 꿋꿋이 걸어온 형님의 삶이 경이롭다. 신시컴퍼니의 팀장들은 모두 형님과 함께한 지 10년을 넘었다. 수없이 명멸하는 공연 기획사에서 그런 일은 정말이지 별 따는 일보다 어렵다. 이것이 형님의 힘이다.

연극계의 홍길동
- 길해연(배우)

주변 사람들 중에 "저 사람, 잠은 언제 자나?" 궁금해지는 사람들이 있다. 신시컴퍼니 예술감독 박명성 씨가 그 중에 한 사람이다. 연극계 일 때문에 어쩌다 마주치게 되면 늘, 아니 여전히 발걸음이 바쁘다. "차라도 한 잔?" 할라치면 어느새 저만치 총총걸음으로 사라지는 그의 뒷모습을 보게 된다.

처음 박명성 씨를 봤을 때가 기억난다. 연극 연습을 하다가 잠깐 쉬는 시간, 누군가가 문을 열고 저벅저벅 연습실 안으로 들어왔다. 정갈하게 차려입은 양복에 검은 007 가방! 연출하시는 분과 일 때문에 만나야 하는데 시간을 잡기 어려우니 직접 연습실로 찾아와 휴식 시간까지 기다린 것이다. 배우가 되고 싶었으나 사투리 때문에 포기하고, 연출 파트에서도 재능 없다는 쓴소리에 좌절하고, 그래도 연극이 하고 싶어 연극계 온갖 허드렛일을 하다가 제작자가 되었다며 껄껄 웃던 그 모습이 아직도 눈에 선하다.

그 후 〈댄싱 섀도우〉를 제작해 25억 원의 빚을 졌다는 소문을 듣고 '아! 이 동네에서 다시 보기 힘들어지겠구나' 했는데 웬걸, 불사조처럼 살아나 무슨 일인가를 끝없이 벌이며 망하고 흥하고를 반복하고 있다.

요사이도 그의 행보는 여전히 동에 번쩍, 서에 번쩍 홍길동을 능가하고 있는 듯하다. 광주 유니버시아드 대회 개·폐막식을 맡아 성황리에 마쳤다는 소문을 들은 지가 엊그제 같은데, 3년 동안 기획하고 제작했다는 뮤지컬 〈아리랑〉 공연이 시작됐고, 그 사이에 뮤지컬로 번 돈으로 연극을 몇 편 올려 사람들을 놀라게 하더니, 그 와중에 책을 두 권이나 출판했다. 그뿐이 아니다. 얼마 전엔 〈렛미인〉을 레플리카 형식으로 올리는 모험을 감행해 관객들에게 또 한 번 큰 선물을 안겨주었다.

몇몇은 그런 소식을 접할 때마다 책 써주는 사람도 따로 있고, 본인은 무슨 공연이 올라가는지도 모르고 있을 거라고 억지 추측을 하며 괜히 떼를 써보기도 한다. 한 사람이 정해진 시간 안에 그 많은 일을 한다는 게 믿기지 않기 때문이다.

그 억지 추측은 꼬리에 꼬리를 물다가 급기야는 이런 질문들을 쏟아놓게 된다. "이미 해외에서 검증받은 튼튼한 내본을 바탕으로 한 공연들도 많이 올리고 있으면서 굳이 왜 그런 무모한 모험을 하는 거지? 제작 규모가 어마어마하니 걱정과 근심의 부피도 그만큼 커질 텐데… 도대체 왜?! 진짜 원하는 게 뭔지 말을 해봐!"

그런 물음들에 그는 아무 대답 없이 묵묵히 하던 일을 계속할 뿐이다. 남들이 잘 닦여진 넓은 길을 찾느라 머리를 굴리고 있을 때 그는 삽을 들고 나가 길을 새로 만들었다. 다른 사람들이 대중의 입맛에 맞춰 온갖 양념으로 범벅이 된 음식을 만들고 있을 때 그 사람은 오래도록 함께 누릴 음식을 만들기 위해 좋은 재료를 찾아 헤매었다.

맞다, 뒤에서 수군거리는 사람들의 말처럼 그는 무모하다. 하지만 그 무모함의 근원지가 연극에 대한 사랑이라는 것을 아는 이는 그리 많지 않은 듯하다. 여태껏 그는, "너 같은 것은 필요 없다"고 매몰차게 손목을 뿌리쳤던 첫사랑 연극에게 "아직도 그대는 내 사랑"이라며 그 자리를 떠나지 않고 있었던 것뿐이다.

참 징한 사랑이다.

〈아리랑〉 공연의 초청장 문구가 새삼 떠오른다.

"정말 열심히 준비했습니다. 부디 오셔서 떨리는 첫걸음에 힘이 되어주십시오."

투박할 정도로 소박하고 진솔한 그의 어투에선 두려움이나 걱정보다는 신발 끈을 동여매고 달릴 준비를 끝낸 사람의 패기가 느껴졌다. 걱정만 하면서 아무것도 하지 않는 나 같은 사람은 감히 흉내도 못 낼 용기다.

잠 안 자고 무슨 일을 벌여놓은 걸까? 궁금한 마음에 달려간 극장 안은 새로운 것을 만들어보겠다는 열기와 그 열정에 대한 환호로 뜨겁게 달구어져 있었다. 돌아오는 길, 나는 창작 뮤지컬 활성화라는 기나긴 여정에 서 있는 그에게 짧은 응원의 메시지를 보냈다.

"잠을 잊은 그대, 이제 잠시 눈을 붙이셔도 될 것 같네요."

그 기억이 어제 같은데 벌써 해가 바뀌었다. 여전히 그는 축지법이라도 쓰는지 동서남북, 신출귀몰이다. 이번엔 관객에게 또 어떤 선물을 내주려고 그러나, 궁금한 마음에 저절로 내 목이 길어진다.

박명성,
그에게는 특이한 자질이 있다

- 김영태(무등일보 논설실장)

연극쟁이 박명성. 그에게는 특이한 자질이 있다. 무대에 올릴 예상 작품을 두고 주변의 많은 이들이 내린 부정적인 예측과 달리 그 작품에서 시대를 앞서가는 콘텐츠를 발굴해 성공작으로 연결하는 그런 자질을 말한다. 바로 그러한 눈 밝은 자질이 옛날의 '해남 촌놈'에서 오늘날 '공연계의 마이더스'로 자리 잡게 했는지도 모른다. 그는 말 그대로 '세상에 없는 무대'를 만들어나가고 있다. 한국의 브로드웨이를 꿈꾸는 국가대표급 뮤지컬 프로듀서의 꿈을 바탕으로 해서 그렇다.

그는 지금껏 남들이 가보지 않은 길을 개척해왔다. 그가 열매를 거둔 뮤지컬의 꿈은 최초의 라이선스 작품 뮤지컬 〈더 라이프〉를 비롯해 〈맘마미아!〉, 〈아이다〉, 〈시카고〉, 〈원스〉, 〈고스트〉, 〈렌트〉 등으로 대표된다. 특히 〈맘마미아!〉, 〈아이다〉, 〈시카고〉 등 초대형 장기 히트작은 신시컴퍼니와 그가 공연예술계의 리더라 할 명성을 얻게 한 근원이었다. '문화융성의 시대'와 짝할 만한 아이콘이 됐다고 하겠다.

막대한 제작비를 들여 야심차게 선보인 〈댄싱 섀도우〉가 참패하기는 했다. '영웅'이 아닌 이름 없는 '민초'들의 이야기가 사람들을 끌어모으지 못한 때문이었다. 그러나 다시 오뚝이처럼 일어섰다. 밥 먹듯이 했던 과거의 여러 실패도 어느 결에 흔치 않은 새로운 자질로 덧붙여졌다.

2015년 여름, 작가 조정래의 소설을 무대에 올린 〈아리랑〉은 그렇게 대박으로 화답했다. 당시 메르스 여파에도 매회 공연이 매진될 정도였다. 뮤지컬에 중장년층 관객을 발굴해 접목시키는 성과도 거두었다. 주변의 의심과 우려를 한순간에 날려버리는 안목과 뚝심이 가져온 빛나는 성과가 아닐 수 없다. 우리나라 공연예술계를 대표하는 신시컴퍼니 예술감독이나 한국뮤지컬협회 이사장, 한국공연프로듀서협회장, 서울연극협회장, 한일연극교류협회장이기 이전에 '쟁이'라 불리게 된 자질에 다름 아니다.

우리 뮤지컬계의 제대로 된 제작 시스템 확립과 작품에 대한 올바른 가치를 확산시키는 데 총력을 기울이는 그의 앞선 정신은 새로움을 넘어 이채롭기까지 하다. 그가 돋보이는 섯은 뮤지컬 수준을 끌어 올리는 과정에서 전 출연진, 스태프에 대한 열정페이를 없애고 정당한 대가를 지급하게 한 근거인 '표준계약서'를 도입한 점에 있다. "뮤지컬 시장의 질적 저하를 유발하는 출혈경쟁(출연료 거품)을 지양해야 한다"고 공표하고 실천에 옮긴 것도 마찬가지다. 그가 밝힌 "한 사람의 스타를 위한 공연이 아니라 공연에 참여하는 모든 이가 존중받아야 진정한 선진 뮤지컬이 될 수 있다"는 신념에서다.

뮤지컬뿐 아니다. 연극 제작에서도 그는 발군의 기량을 선보여왔다. 〈침향〉, 〈가을 소나타〉, 〈엄마를 부탁해〉, 〈33개의 변주곡〉, 〈레드〉, 〈렛미인〉, 〈피아프〉, 〈아버지와 나와 홍매와〉 등은 대표적이다. 대극장 연극으로 뚝심 있게 제작한 〈산불〉도 쟁이의 자질을 엿볼 수 있게 해준다. 지난 2009년 신시뮤지컬컴퍼니를 신시컴퍼니로 개명한 뒤 연극작품에 몰입하면서 만들어낸 주옥같은 작품들이라고 할 수 있다.

2015년 광주의 국립아시아문화전당 개관식과 2016년 신년음악회 총감독을 맡게 된 것도 다 이유가 있었다. 광주에서 열린 2015 광주 하계 유니버시아드 대회는 일약 세계인의 눈을 사로잡았다. 그 대회의 처음과 끝이라 할 개·폐막식의 총감독을 맡고 전체 행사를 지휘했다. 광주가 세계의 주목을 받게 한 그 일은 그이기에 가능했었다고 하겠다.

뮤지컬과 연극, 각종 행사를 넘나들며 우리 공연예술과 전통문화를 끊임없이 업그레이드시켜온 이러한 노력들이 아마도 '오늘의 젊은 예술가상', '대한민국 국회대상', '한국뮤지컬대상 프로듀서상', '대한 민국 문화예술상 대통령상', '이해랑연극상' 등을 수상하고, '옥관문 화훈장'을 수훈하게 된 계기였을 거라 생각한다.

그를 수식하는 단어들은 '최고의 뮤지컬 프로듀서', '뚝심의 연극제 작자', '생생한 현장 뮤지컬학과 교수' 등이다. 그러나 이런 거창한 수 식어보다 그에게는 '연극쟁이'라는 세간의 호칭이 더 어울릴지도 모 른다. 대학 강단에서 그는 학생들을 상대로 자주 "미래는 융복합 콘 텐츠가 중요하다. 자신만의 기발한 콘텐츠를 찾아야 한다. '쟁이'가 되어야 한다"고 강조한다.

'쟁이'인 그가 뮤지컬과 연극 등에서 펼쳐갈 또 다른 미래가 기대된 다. 그를 통해 명실상부하게 예술 창조산업으로 자리 잡을 미래의 공 연 콘텐츠가 더욱 다양하고 기발한 모습으로 대중성 있게 깊은 뿌리 를 내렸으면 싶다.

주요 작품목록 및 약력

작품목록

뮤지컬

〈아리랑〉, 〈원스〉, 〈고스트〉, 〈맘마미아!〉, 〈시카고〉, 〈아이다〉, 〈미남이시네요〉, 〈헤어스프레이〉, 〈백야〉, 〈렌트〉, 〈엄마를 부탁해〉, 〈틱틱붐〉, 〈키스 미 케이트〉, 〈베로나의 두 신사〉, 〈퀴즈쇼〉, 〈자나돈트〉, 〈라스트 파이브 이어스〉, 〈갬블러〉, 〈19 그리고 80〉, 〈댄싱 섀도우〉, 〈듀엣〉, 〈노틀담의 꼽추〉, 〈까미유 끌로델〉, 〈유린타운〉, 〈뱃보이〉, 〈더 씽 어바웃 맨〉, 〈블러드 브라더스〉, 〈사운드 오브 뮤직〉, 〈카바레〉, 〈로마의 휴일〉, 〈더 라이프〉 외.

연극

〈렛미인〉, 〈침향〉, 〈피아프〉, 〈가을 소나타〉, 〈엄마를 부탁해〉, 〈피카소의 여인들〉, 〈33개의 변주곡〉, 〈대학살의 신〉, 〈흑인창녀를 위한 고백〉, 〈니 부모 얼굴이 보고 싶다〉, 〈산불〉, 〈레드〉, 〈푸르른 날에〉, 〈아버지와 나와 홍매와〉 외.

약력

1963년	3월 25일 전남 해남 출생
1981년	광주 서석고등학교 졸업
1983년	서울예술대학 무용과 졸업
2003년	단국대학교 연극, 영화학교 졸업
2008년	단국대학교 대중예술대학원 석사
1999년	㈜신시컴퍼니 대표(~2010년)
2001년	오늘의 젊은 예술가상(문화관광부 장관상)
2002년	한국뮤지컬대상 특별상
2004년	한국뮤지컬대상 프로듀서상
2004년	대한민국 국회대상(대중미디어부문)
2004년	한국공연프로듀서협회 초대회장(~2006년)
2006년	대한민국 경제문화대상
2006년	중앙대학교 예술대학 연극학과 겸임교수(~2010년)
2007년	대한민국 국회대상(대중미디어부문)
2007년	대한민국 경제문화대상
2007년	한국공연프로듀서협회 올해의 프로듀서상
2007년	한국뮤지컬대상 최우수작품상(〈댄싱 섀도우〉)
2007년	서울연극협회회장(~2009년)
2008년	한국뮤지컬대상 베스트 외국뮤지컬대상(〈헤어스프레이〉)

2009년	한일연극교류협의회 회장(~2010년)
2009년	『뮤지컬 드림』 출간
2010년	대한민국 문화예술상(대통령상)
2011년	㈜신시컴퍼니 예술감독(현)
2011년	명지대학교 뮤지컬학과 전임부교수(현)
2011년	더뮤지컬어워즈 베스트 리바이벌상(《아이다》)
2012년	한국예술문화단체총연합회 대한민국 예술문화대상
2012년	옥관문화훈장 수훈
2012년	『세상에 없는 무대를 만들다』 출간
2013년	제18대 대통령 취임식 예술감독
2013년	대통령소속 문화융성위원회 민간위원
2013년	'문화예술 후원의 날' 총연출
2014년	제24회 이해랑연극상
2015년	㈔한국뮤지컬협회 제6대 이사장(현)
2015년	2015 세계 유니버시아드(광주) 개·폐막식 총감독
2015년	국립아시아문화전당 개관식 총감독
2015년	국립아시아문화전당 신년음악회 총감독
2016년	예술의전당 신년음악회 총감독

이럴 줄 알았다

©박명성

1판 1쇄	2016년 4월 5일
1판 2쇄	2016년 4월 14일

지은이	박명성
펴낸이	김정순
책임편집	오세은
디자인	이혜령
마케팅	김보미 임정진 전선경

펴낸곳	㈜북하우스 퍼블리셔스
출판 등록	1997년 9월 23일 제406-2003-055호
주소	04043 서울특별시 마포구 양화로 12길 16-9 북앤드빌딩
전자우편	editor@bookhouse.co.kr
홈페이지	www.bookhouse.co.kr
전화번호	02-3144-3123
팩스	02-3144-3121

ISBN 978-89-5605-525-1 03680

이 도서의 국립중앙도서관 출판예정도서목록(CIP)은 서지정보유통지원시스템 홈페이지(http://seoji.nl.go.kr)와
국가자료공동목록시스템(http://www.nl.go.kr/kolisnet)에서 이용하실 수 있습니다.
(CIP제어번호: CIP2016006992)